Sylvia Wetzel
in Zusammenarbeit mit
Karin Burschik

Hoch wie der Himmel, tief wie die Erde

Meditationen zu Liebe, Beziehungen und Arbeit

Deutscher Taschenbuch Verlag

Ungekürzte Ausgabe
Juli 2004
2. Auflage Oktober 2007
Deutscher Taschenbuch Verlag GmbH & Co. KG,
München
www.dtv.de

Die Theseus Verlag GmbH ist ein Unternehmen der Verlagsgruppe Dornier.
Umschlagkonzept: Balk & Brumshagen
Umschlaggestaltung: Stephanie Weischer unter Verwendung
einer Fotografie von Getty Images/Art Wolfe
Gesamtherstellung: Druckerei C. H. Beck, Nördlingen
nach einer Vorlage von Typo-Grafik & Design, Berlin
Gedruckt auf säurefreiem, chlorfrei gebleichtem Papier
Printed in Germany · ISBN 978-3-423-34103-5

Inhalt

II. ARBEIT

III. DER BUDDHISTISCHE WEG ZUM GLÜCK

ANHANG

Vorwort

Das Haus meiner Eltern – wir lebten in einer Großfamilie und betrieben eine Gastwirtschaft, in der ich schon sehr früh mitarbeitete – war kein Ort der Stille und Kontemplation. Und doch erinnere ich mich, wie ich als Kind immer wieder hinunter in den Getränkekeller ging, um über die grundlegenden Fragen von Leben und Tod nachzudenken. Einmal brütete ich über die Frage: »Was macht glücklicher: Lieben oder Geliebtwerden?« Nach tagelangem Ringen kam ich zu der Antwort: »Lieben macht glücklicher.«

Im Laufe der Jahre erkannte ich immer klarer, daß das Glück im eigenen Herzen liegt. Es dort zu suchen und zu finden ist heutzutage nötiger denn je, da viele äußere Sicherheiten weggebrochen sind, vor allem in den Bereichen Arbeit und Beziehungen. Diese zentralen Faktoren verändern sich so rasch und radikal, daß viele Menschen den Boden unter den Füßen verlieren, und allzu herbe Enttäuschungen können Lebensmut und Selbstvertrauen untergraben. Beides läßt sich aber im eigenen Herzen wiederfinden, so daß wir arbeits- und beziehungsfähig werden und bleiben können.

Nach einem Blick auf unsere Vorstellungen von der »großen Liebe« und das Zusammenspiel von Innen und Außen möchte ich Sie darum einladen, sich nach innen zu wenden, um Ihren inneren Reichtum zu entdecken: Ihre grundlegende »Gutheit«, die im Buddhismus Buddha-Natur genannt wird. Sie macht inneres Wachstum erst möglich und offenbart sich als die Qualitäten von

Offenheit, Klarheit und Feinfühligkeit.(*) Doch ohne Meditation verhindern Verlangen, Abwehr und Unwissenheit allzu oft, daß wir unsere Buddha-Natur spüren und in ihr ruhen.

Als Heilmittel für uns und unsere Beziehungen können wir Liebe, Freude, Mitgefühl und Gleichmut entwickeln, den Weisheitskern aus schmerzhaften Emotionen schälen und uns um ein ethisches Leben bemühen. Aber bitte, verstehen Sie die vorgeschlagenen Richtlinien nicht als Vorschriften, als ein autoritäres Muß, sondern als ein Experimentierfeld, auf dem Sie Verhaltensweisen erkennen und ausprobieren können, um immer öfter das zu tun, was Sie und alle Beteiligten glücklich macht.

Im zweiten Teil möchte ich Ihren Blick auf fünf Fähigkeiten lenken: Achtsamkeit, Konzentration und Energie, Vertrauen und Einsicht. Diese sind in jedem Menschen angelegt. Wir können sie ins Gleichgewicht bringen und zu Kräften entwickeln, so daß wir unsere Lebensenergie immer besser in freudigem Tun ausdrücken können. Das ist meine Definition von »guter Arbeit«. Mit eventuellen Hindernissen beschäftigt sich ein weiteres Kapitel.

Im letzten Teil stelle ich die wichtigsten Themen des Buches in einen explizit buddhistischen Zusammenhang, denn der Buddha war ein kluger Ratgeber. Er lehrte nicht, sich vom Leben abzuwenden, in süßer Ekstase zu schwelgen oder Schmerzen und Schwierigkeiten unter einen rosageblümten Teppich zu kehren, sondern sie klar zu erkennen und zu durchleben. Doch müssen wir nicht unablässig darunter leiden. Es gibt einen gangbaren Weg, trotz allem glücklich zu sein.

In diesem Teil finden Sie auch einige grundlegende buddhistische Übungen, die Sie durch Ihr Leben begleiten können, während viele andere der in diesem Buch vorgestellten Übungen der Klärung von bestimmten Situationen und Schwierigkeiten dienen. Sie müssen nicht alle machen. Spüren Sie einfach in sich hinein, was Sie anspricht.

Zur Unterstützung und Vertiefung können Sie auch ein Tagebuch führen. Dort ist Platz für Selbsterforschungen und Ihre Erfahrungen mit den Übungen. Sie können Entscheidungen und Veränderungen dokumentieren, malen und Zitate, Gedichte und Gedanken festhalten – einfach alles, was Ihnen für Ihr Arbeits- und Beziehungsleben bedeutsam erscheint. Auf diese Weise gewinnen Sie mehr Klarheit über sich selbst und den Weg, den Sie gehen möchten.

Mögen Sie alles überlesen oder vergessen, was Ihnen schaden könnte. Mögen Sie offen sein für alles, was Ihnen gut tut. Mögen Sie glücklich sein.

Danksagung

An dieser Stelle danke ich allen, die direkt oder indirekt an diesem Buch mitgewirkt haben.

Die Teilnehmerinnen und Teilnehmer von Kursen und Vorträgen inspirierten mich mit ihren Fragen und Rückmeldungen zu neuen Experimenten bei der Vermittlung meditativer Methoden. Mit Freundinnen, Kolleginnen und Kollegen konnte ich Kurserfahrungen austauschen und neue Ansätze besprechen. Einige lasen erste Entwürfe zu einzelnen Kapiteln und halfen mit wohlwollender und kompetenter Kritik. Karin Burschik danke ich für die gelungene Zusammenarbeit. Nach einem Meditationskurs bei mir erklärte sie sich dazu bereit, das Buch anhand meiner Rohfassung neu zu schreiben. Es gelang ihr, dem geschriebenen Text die Klarheit, Lebendigkeit und den Humor der mündlichen Vorträge zu verleihen. Meiner Nenn-Nichte Elisa danke ich für die Idee zum Titel dieses Ratgebers: Während unserer Brainstormings besuchte sie mich oft und sang in der Küche ein Lied, das sie gerade gelernt hatte: »Hoch im Himmel, tief auf der Erde, überall ist Sonnenschein.« Unsere Ansprüche und Erwartungen, Wünsche und Sehnsüchte reichen oft hoch in den Himmel, doch leben müssen wir auf der Erde.

I.
BEZIEHUNGEN

Liebe und Anhaftung

Noch in der Generation unserer Eltern und Großeltern verbrachten die meisten Menschen ihr ganzes Leben am selben Ort, im selben Beruf und mit demselben Partner, und sie waren eingebettet in das Beziehungsgeflecht ihrer Familie, Nachbarschaft und Gemeinde. Dieses hat sich weitgehend aufgelöst. Das Leben in der heutigen Zeit ist geprägt von Umzügen und Scheidungen, Berufs- und Stellenwechseln, Kirchenaustritten und abgebrochenen Kontakten zur Herkunftsfamilie. So geht vieles verloren, was früher Sicherheit und Zuwendung, Sinn und Orientierung gegeben hat.

Viele Menschen erwarten nun Ersatz dafür von ihren Partnerinnen und Partnern und überfordern diese damit ganz erheblich. Das stellt private Beziehungen auf eine ebenso harte Zerreißprobe wie die zunehmende Individualisierung der einzelnen und die ökonomischen Bedingungen, die Paare nur noch selten zwingen, zusammen zu bleiben.

Liebesbeziehungen scheitern darum häufiger als früher, und eine Trennung wirft die Menschen leichter aus der Bahn: Sie verlieren die Person, von der sie all ihr Glück erhofften, und kein traditionelles Sozialgefüge fängt sie mehr auf. Oft geben sie dann sich selbst die Schuld an der gescheiterten Beziehung. Womöglich halten sie sich gar für beziehungsunfähig. Ihnen kann es helfen zu erkennen, wie schwierig die heutige Zeit tatsächlich ist, eine Umbruchphase, in der neue Lebensformen sich erst allmählich herausschälen, die meisten Menschen die neu gewonnenen Freiheiten aber zu sehr genießen, als daß sie zurückkehren wollten zu der tradierten Lebensweise, zu lebenslanger Ehe, Kleinfamilie und traditionellen Geschlechterrollen.

Auch der Buddha lebte vor zweieinhalbtausend Jahren in einer solchen Umbruchphase, und er lehrte, Glück und Sicherheit nicht in äußeren Umständen zu suchen, sondern im eigenen Herzen und in neuen Denk- und Verhaltensweisen. Diese lassen sich nicht von heute auf morgen lernen. Eingeschliffene Muster lösen sich nur langsam auf. Das zeigt auch unser Eßverhalten. Auch heute noch ernähren sich viele Menschen in den reichen Ländern wie Steinzeitmenschen. Sie essen so viel, fett und süß, als müßten sie täglich vierzehn Stunden schuften und sich für magere Zeiten ein Fettdepot zulegen, obwohl sie wissen, daß sie morgen wieder etwas zu essen bekommen. Wenn schon neue Eßsitten so schwer zu lernen sind, wie hartnäckig müssen sich dann erst die alten Beziehungssitten halten?

Oft leiden wir unter ihnen. Das hört erst auf – so die buddhistische These –, wenn wir Liebe nicht länger mit Anhaftung verwechseln, das eine entwickeln und das andere loslassen.

Was ist Liebe?

Liebe, so heißt es, ist die Triebkraft des Lebens, der Motor der Welt, die Kraft des Schöpferischen. Sie ist die Erfüllung des Lebens, auch für viele Karrierefrauen und -männer, und kleine Kinder könnten ohne sie nicht überleben. Asketen fürchten sie als Stolperstein auf dem Weg zur Erleuchtung. Tantriker (*) dagegen feiern sie als die Kraft, die zur allumfassenden Liebe und damit zur höchsten Weisheit führen kann.

Manche glauben, sie könnten nur eine/n lieben. Andere sagen, sie liebten auch ihre übrigen Angehörigen, Freundinnen und Freunde, Walnußeis, Brahms und den Sonnenuntergang auf Helgoland. AmerikanerInnen gehen besonders locker um mit dem Wort »love«. Sie verwenden es auch da, wo wir eher von »gern haben« sprechen. Das Wort »Liebe« reservieren wir meist für Melodramen mit Treueschwüren und tränenreichen Szenen. Viele glauben auch, Liebe sei die Kehrseite von Haß und könne jederzeit in diesen umschlagen, und meist verbinden wir sexuelles Begehren mit dem Wort. Im Christentum spielt allerdings auch die nicht-erotische Liebe eine große Rolle – als tätige Nächstenliebe.

Kurz und gut: Für die Liebe scheint es so viele Definitionen wie Menschen zu geben. Andererseits ist sie eine allgemeinmenschliche, existentielle Erfahrung. Unergründlich wie der Tod. Wir werden nie wissen, was sie »wirklich« ist; können sie nur erfahren. Und wir können herausfinden, was sie für uns bedeutet.

Oft erkennen wir bisher unbewußte Einstellungen auch erst aus einem fremden Blickwinkel heraus, aus dem Blickwinkel eines anderen Menschen oder einer anderen Kultur. Darum möchte ich nun die buddhistische Definition von Liebe vorstellen: Sie ist der Wunsch nach Wohlergehen: Ich will, daß es der geliebten Person gut geht, und ich will auch dazu beitragen. Und als Liebe zu sich selbst gilt dementsprechend der Wunsch, es möge mir gut gehen, und die Bereitschaft, dafür auch etwas zu tun.

Dieses grundsätzliche Wohlwollen hat wenig gemein mit dem, was in Schlagern und Kitschromanen verherrlicht wird: »Ich will dich, ich brauch' dich, ohne dich kann ich nicht leben.« Solche Gefühle werden im Buddhismus nicht Liebe, sondern »Anhaftung« genannt und zählen zu den »Verblendungen«, das heißt zu den Reaktionen, die Leiden schaffen und den Frieden des Herzens und des Geistes zerstören.

Tatsächlich sind unsere Liebeserfahrungen selten friedvoll. Zu oft sind wir von Habenwollen durchdrungen: nach Nähe, Aufmerksamkeit und Zuneigung; wir wollen begehrt werden, in Ekstase geraten und uns selbst vergessen. Nun führen Verlangen, Haben- und Festhaltenwollen aber immer zu Unruhe, Unzufriedenheit und Enttäuschung, mithin zu Leiden. Darum gilt im Buddhismus ein Großteil dessen, was wir Liebe nennen, als Anhaftung, als eine Form von Verblendung.

Vier Merkmale

Die buddhistische Psychologie unterscheidet Liebe und Anhaftung anhand von vier Merkmalen, die ich noch ausführlich diskutieren werde. (*)

Natürlich ist eine solche Gegenüberstellung notwendigerweise verkürzt. Dennoch gibt es mir seit Jahren Orientierung im Chaos der Gefühle, mich an die folgende Unterscheidung zu erinnern: Liebe entspringt innerem Reichtum, während Anhaftung durch inneren Mangel entsteht. Liebe sieht die geliebte Person realistisch, sie erkennt und liebt auch ihre Schwächen, während Anhaftung durch eine rosarote Brille schaut. Liebe nimmt stetig zu, während Anhaftung heftig schwankt und in Haß oder Gleichgültigkeit umschlagen kann. Und zu guter Letzt: Liebe tut gut; Anhaftung tut weh.

Es mag ernüchternd sein zu erkennen, daß vieles, was wir für Liebe halten, diesen Kriterien nicht genügt. Aber ist es nicht auch befreiend zu erfahren, daß Liebe nichts, aber auch gar nichts mit Leiden zu tun hat? Also könnten wir nach Herzenslust lieben – und glücklich sein. Was hindert uns daran?

Reichtum und Mangel

Liebe entsteht, wenn wir bereits glücklich sind und dieses Glück mit anderen teilen möchten, wenn wir uns reich und lebendig fühlen und so voller Selbstvertrauen, als könnten wir die ganze Welt aus den Angeln heben. Unser Herz ist so voll, daß es überfließt. Uns geht es so gut, daß wir die ganze Welt umarmen möchten. Besonders gern natürlich die geliebte Person. Wir möchten sie auf Händen tragen, ihr die Sonne schenken und die Sterne und alles, was ihr Herz begehrt. Wir möchten, daß sie glücklich ist.

Anhaftung dagegen entsteht aus einem Gefühl der inneren Leere, des Mangels. Wir fühlen uns unerfüllt und unvollständig, eine halbe Seele. Und was uns fehlt, suchen wir in der Außenwelt: Ein Prinz oder eine Prinzessin soll uns »wach küssen« fürs »richtige« Leben. Sie soll uns retten vor Langeweile und öden Sonntagen, unserem Leben einen Sinn geben und uns dreimal täglich sagen: Ich liebe dich. Er soll uns sexuell befriedigen, ohne daß wir sagen müßten, was wir mögen, und immer ein offenes Ohr haben für unsere Sorgen und Nöte. Sie soll schön und erfolgreich sein und in Gesellschaft brillieren, und zwar immer, damit alle Welt uns beneidet um diesen fabelhaften Menschen, den wir brauchen, so sehr brauchen, weil wir unsere eigene fabelhafte Seite noch nicht entdeckt haben.

Angenommen, wir begegnen in dieser Verfassung einer »ganz normalen« Person, die sich für uns interessiert. Je mehr wir nach Liebe hungern, desto eher sind wir bereit, unsere Wunschbilder auf sie zu übertragen, vorausgesetzt »die Chemie stimmt« und etwas Geheimnisvolles klickt zwischen uns. Wir mögen glauben, die große Liebe habe unser Herz berührt. Doch meist haben sich nur bestimmte Muster ineinander verhakt.

Was tatsächlich geschieht, finden wir im Laufe der Zeit heraus. »Wenn ihr euch in einem Jahr immer noch so liebt, habt ihr eine Chance«, pflegte meine beste Freundin trocken zu sagen, wenn ich wieder einmal von einer neuen großen Liebe erzählte.

Wahrnehmen und Idealisieren

Wenn wir uns einer anderen Person aus dem Gefühl des inneren Mangels heraus zuwenden, können wir ihre Stärken und Schwächen kaum richtig einschätzen, denn wir wollen zu sehr, daß sie die Erfüllung unserer Träume sei, zumindest einiger. Wir dürfen gar nicht richtig hinschauen.

Schwächen werden dann leicht zu Stärken umgedeutet: Wer kaum den Mund aufmachen kann, ist geheimnisvoll und tief. Wer ununterbrochen redet, ist unterhaltsam und inspirierend. Wer das Geld zum Fenster hinauswirft, ist großzügig, und wer knausert, hat Sinn fürs rechte Maß. Wagt eine gute Freundin, die glänzende Gestalt an unserer Seite zu kritisieren, fahren wir ihr gleich über den Mund: »Du kennst sie nicht richtig.« »Er ist eigentlich ganz anders.« »Du hast eben Vorurteile.« Selbst, wenn uns die ersten Zweifel beschleichen, versuchen wir meist noch eine ganze Weile, unser Glanzbild aufrecht zu erhalten, weil wir unser Selbstwertgefühl daraus ziehen, einen perfekten Menschen an uns gebunden zu haben.

Doch wenn wir wirklich lieben, können wir auch die Schwächen der geliebten Person annehmen. Wir sind ihr auch dann noch liebevoll zugetan, wenn sie unmögliche Ansichten äußert und sich unpassend anzieht, morgens etwas muffelig ist und manchmal etwas pingelig, wenn die ersten Falten sich zeigen oder das Bäuchlein sich rundet. Das tut der Liebe keinen Abbruch. Wir wissen: Niemand ist vollkommen.

Wachsende Zuneigung

Mit der Zeit wird die Liebe immer tiefer, inniger. Allerdings erleben die meisten Menschen diese Art Offenheit und gereifter, unverbrüchlicher Zuneigung eher in langjährigen Freundschaften als in einer Ehe oder in eheähnlichen Zweierbeziehungen. Diese sind oft mit zuviel Anhaftung durchsetzt und zu kurzlebig. Doch kann Verbundenheit nur wachsen, wenn wir einander immer besser kennenlernen.

Das läßt sich beim Lesen von Romanen recht gut beobachten. Zum Beispiel ist Patricia Highsmiths »Mister Ripley« alles andere als ein guter Mensch. Doch wir erfahren so viel von ihm, von seinen Eigenheiten und Gewohnheiten, seinen innersten Gedanken und Gefühlen, daß wir ihn immer besser verstehen und immer mehr mögen. Am Ende hoffen wir gar, er – ein Mörder! – möge der Polizei entkommen. Allerdings können wir die Schwächen von RomanheldInnen relativ gelassen hinnehmen: Wir erwarten nichts von ihnen; sie tun uns nichts; wir müssen nicht mit ihnen leben.

Im realen Leben kann es recht mühsam sein, überzogene Erwartungen aufzugeben und zu lernen, mit den Schwächen der geliebten Person zu leben. Diese aber zeigen sich unweigerlich. Irgendwann müssen wir unsere rosarote Brille ablegen.

Ent-täuschung und Haß

Doch was passiert, wenn wir nicht zur Liebe finden, sondern weiter anhaften?

Egal, wie sehr wir uns an unsere Traumbilder klammern, irgendwann rüttelt uns das Leben wach, und wir müssen einen Blick auf die ganz normale Person an unserer Seite werfen, auf ihre Maulfaulheit oder Schwatzhaftigkeit, ihren Geiz oder ihre Verschwendungssucht.

Je mehr wir den tollen Prinzen oder die Prinzessin für unser Selbstwertgefühl brauchen, desto höher ist der Thron, den wir bauen, und desto tiefer ist der Fall. Doch das können wir nicht ertragen. Darum klammern wir uns gerade dann besonders stark an unsere Vorstellungen und setzen die andere Person damit unter Druck. Vergebens. Menschen sind, was sie sind, und tun, was sie tun. Sie werden sich niemals von heute auf morgen, von Grund auf und auf Dauer ändern, nur um in unsere Schablonen zu passen. Diese gilt es loszulassen.

Das heißt natürlich nicht, daß wir uns schlecht behandeln lassen müßten. Doch meist verlangen wir zuviel, oder wir wollen, daß die Person Eigenschaften ablegt, die uns gar nicht schaden. Das aber wird sie niemals tun. Sie mag versprechen, sich zu ändern, mag in poetischer Sprache und schönen Briefen den Zauber des Anfangs beschwören oder die Zukunft in den rosigsten Farben ausmalen. Ihr Verhalten aber wird dasselbe bleiben. Verschließen wir die Augen davor und kleben weiter an unseren Traumbildern – »früher warst du ganz anders«, »du hast mir aber versprochen« –, werden wir bloß aufs Neue enttäuscht und leiden immer mehr, statt die Ent-Täuschung als Ende der Täuschung zu feiern und zu lernen, mit den Schwächen der geliebten Person zu leben.

Das kann jahrelang so gehen: Wir sind blind für die reale Person und klammern uns an unser Traumbild. Dann blättert der Putz, und wir sind enttäuscht. Wir restaurieren das Bild und werden wieder und wieder und immer wieder enttäuscht.

Je größer unsere Illusionen waren und je stärker wir uns an sie klammerten, desto leidenschaftlicher reagieren wir, wenn unsere Erwartungen nicht erfüllt werden. Glühende »Liebe« schlägt dann um in brennenden Haß: Wer sich in einen »edlen Ritter« verliebte, haßt ihn nun wegen eines einzigen Neins für seinen »beispiellosen Egoismus«. Wer sich von seiner Partnerin ewige Treue erträumte, haßt sie nun für einen Seitensprung als verdorbene Schlampe. Und wenn unser Salonlöwe mal eine schlechte Figur macht, dann hassen wir ihn gleich als einen erbärmlichen Wicht, für den wir uns überall schämen müssen.

Manche meinen, heftige Gefühlsschwankungen, dramatische Konflikte und leidenschaftliche Auseinandersetzungen seien ein Beweis für echte Liebe. Dabei sind nur unsere Emotionen in Wallung geraten. Ob wir aber wirklich lieben, wäre zu prüfen.

Der Buddhismus lehrt etwas anderes: Was umschlägt in Gleichgültigkeit, Abneigung oder blanken Haß, das ist keine Liebe, sondern Anhaftung, denn dann erhoffen wir unser ganzes Glück von einer anderen Person, übertreiben ihre Stärken und ignorieren ihre Schwächen. Entdecken wir nach einiger Zeit den »ganz normalen« Menschen, fühlen wir uns betrogen und schauen in unserer Enttäuschung jetzt nur noch auf Fehler und Schwächen, übertreiben sie, lehnen sie ab und lassen kein gutes Haar mehr an der anderen Person. So schlägt Anhaftung an Wunschbilder um in Abneigung gegen Negativbilder.

Wenn es weh tut, ist es keine Liebe

Zeitweise können wir uns bezüglich der ersten drei Merkmale vielleicht täuschen, uns also inneren Reichtum, eine realistische Sicht und wachsende Zuneigung einbilden. Doch beim vierten Kennzeichen schlägt die Stunde der Wahrheit. Dann nämlich, wenn wir uns fragen: »Tut diese Beziehung mir gut? Kann ich mich darin positiv entwickeln? Kann ich das Beisammensein unbeschwert genießen? Bin ich glücklich? Ist die andere Person glücklich?« Dann ist es Liebe. »Oder bin ich oft nervös und angespannt? Fürchte ich ständig, die andere Person könne fremdgehen, mich zuwenig lieben oder verlassen? Bin ich oft enttäuscht? Sitze ich oft kettenrauchend und mit tränenfeuchten Augen neben einem Telefon, das partout nicht klingeln will?« Dann ist es Anhaftung.

Wege zur Liebe

Wenn wir Anhaften als Anhaften erkennen, machen wir den ersten Schritt auf dem Weg zur Liebe.

Es mag ernüchtern, wenn wir unsere Gefühle für einen anderen Menschen untersuchen und dann feststellen: Es ist wenig Liebe da und sehr viel Anhaftung.

Tatsächlich sind die meisten Beziehungen eine Mischung von Liebe und Anhaftung. Vermutlich können nur vollkommen erwachte Buddhas reine Liebe leben. Wir dagegen müssen zuerst einmal erkennen, was wir eigentlich empfinden. Dann können wir versuchen, übertriebene Erwartungen loszulassen und mit mehr Gelassenheit und etwas Zuneigung auf die Schwächen der anderen Person zu blicken. Mit der Zeit werden wir immer weniger anhaften und immer mehr lieben. Besonders, wenn wir die Quelle dafür entdecken, nämlich inneren Reichtum, den ich im übernächsten Kapitel behandeln werde.

In der folgenden Übung können Sie Ihre zentralen Beziehungen anhand der beschriebenen Merkmale überprüfen. Am besten fangen Sie mit einer relativ unbelasteten Beziehung an, so daß Sie klaren Kopf bewahren können. Sind Sie mit der Übung vertraut, können Sie auch schwierige Beziehungen untersuchen, gegenwärtige und vergangene.

Übung: Liebe und Anhaften

Wir denken an eine unserer zentralen Beziehungen und fragen uns: Was ist die Quelle meiner Zuneigung? Innerer Reichtum oder ein Gefühl des Mangels? Wie habe ich mich gefühlt, als ich die Person kennenlernte? Einsam oder relativ wohl mit mir? Habe ich mich verzweifelt nach einer Beziehung gesehnt?

Neige ich dazu, die Person zu idealisieren und ihre guten Seiten zu übertreiben? Wie reagiere ich, wenn ich Schwächen und Unvollkommenheiten entdecke? Kann ich sie akzeptieren und damit umgehen?

Ist meine Zuneigung mit den Jahren gewachsen? Ist sie relativ stabil, auch wenn die Person Schwächen zeigt? Oder schwankt sie häufig?

Fühle ich mich im großen und ganzen wohl, wenn ich mit der Person beisammen bin oder an sie denke? Oder stürzen mich unsere Begegnungen immer wieder in ein Wechselbad der Gefühle?

Was überwiegt: Liebe oder Anhaften? Wie ist die Mischung in Prozenten ausgedrückt?

Verantwortung übernehmen

Leiden wir in unseren sogenannten Liebesbeziehungen, dann können wir jammern und die andere Person beschuldigen, uns unglücklich zu machen. Das wird das zwischenmenschliche Klima kaum verbessern. Wir können aber auch beginnen, Anhaftungen aufzulösen und mehr zu lieben in dem Bewußtsein, daß wir selbst verantwortlich sind für unser Erleben.

So jedenfalls lautet eine weitere buddhistische These: Wir sind selbst verantwortlich, sind nicht Opfer von äußeren Bedingungen, nicht Marionette anderer Menschen. Äußere Umstände können Freude und Ärger also nicht verursachen, sondern nur das auslösen, was bereits in uns ist, wozu wir bereit sind aufgrund unserer Stimmung und unseres allgemeinen Hintergrundes aus Vorlieben und Abneigungen, persönlicher Geschichte, Werten, Bedürfnissen und Gewohnheiten. Sind diese inneren Bedingungen unbewußt, bleiben wir gefangen in der ewig gleichen Tretmühle bitterer Erfahrungen.

Also müssen wir die Gegebenheiten zuerst einmal erkennen und annehmen, wie sie sind. Nicht nur auf der oberflächlichen Ebene von: »So ist das nun mal; das muß ich wohl akzeptieren.« Nein, lassen wir uns berühren von unserem Schmerz und unserer Einsamkeit, tauchen wir ein in das dunkle Herz unserer Traurigkeit. Vom Grund des Leidens schöpfen wir dann die Kraft, mit dem Unabänderlichen zu leben und zu verändern, was zu verändern ist. Es gibt immer Menschen und Bedingungen, die unsere Stärken fördern, statt unsere Schwächen und unreifen Seiten hervorzulocken. Wir können immer geeignete Anlässe suchen für Liebe und Freude, Respekt und Dankbarkeit und die Auslöser meiden, die negative Tendenzen stärken.

Natürlich können wir nicht allen Auslösern von unangenehmen Gefühlen aus dem Weg gehen. Möglicherweise begegnen wir auch immer wieder demselben »Typ«, der das immer gleiche schmerzhafte Muster auslöst. Dann gilt es, dieses zu bearbeiten. Doch auch dann kann eine Trennung hilfreich sein: Wenn die Situation uns überfordert, gewinnen wir Zeit und Kraft, an uns zu arbeiten.

Die folgende Übung soll Sie dazu anregen, Ihren Handlungsspielraum zu erkunden und Verantwortung für Ihr Leben zu übernehmen.

Übung: Verantwortung übernehmen

Fragen Sie sich: In welchem Bereich fühle ich mich als Opfer der Umstände? In Beziehungen, bei der Arbeit, bei bestimmten Menschen?

Wie gehen die Menschen in meinem Umfeld mit Verantwortung um? Wer fühlt sich als Opfer der Umstände? Wer nimmt sein Leben in die Hand?

Was kann ich tun, um meine Lebens- und Arbeitsbedingungen zu verändern?

Welche Menschen und Umstände können mich dabei unterstützen?

Das soeben angesprochene Zusammenspiel von Innen und Außen, Ursache und Auslöser werde ich im nächsten Kapitel genauer untersuchen.

Die Welt als Spiegel

Wenn die Ursachen für Glück und Leid in uns liegen, dann tut Selbsterkenntnis not. Diese läßt sich durch Innenschau erlangen, und darüber wird noch viel zu sagen sein.

Oft sind wir aber so verstrickt in unsere Vorstellungen darüber, wie wir sind oder zu sein haben, daß wir gar nicht merken, was tatsächlich in uns vor sich geht. Viel leichter können wir dagegen wahrnehmen, was um uns her geschieht, und das hat wiederum sehr viel mit uns selbst zu tun. Die in Deutschland geborene, buddhistische Nonne Ayya Khema (*) treibt diesen Gedanken auf die Spitze: »Die Umwelt ist ein Spiegel und kein Fenster.« Wir haben also keinen »objektiven« Blick auf die Welt da draußen, sondern sehen dort ein Spiegelbild unserer inneren Struktur.

Psychologie, Erkenntnistheorie und Kognitionswissenschaft lehren dasselbe. Sogar in der modernen Physik mußte das Konzept eines objektiven Beobachters fallen gelassen werden. Trotzdem halten viele sich gern für einen solchen. Und damit nur ja keine Zweifel aufkommen, verbringen sie ihre Zeit womöglich nur mit Menschen, die ihre eigenen Ansichten bestätigen, so daß sie nie dazulernen können.

Sind wir aber ein wenig offen für andere Menschen, dann wird uns rasch klar, daß sie die Welt ganz anders sehen als wir. Stimmung und allgemeiner Hintergrund färben unsere Wahrnehmungen. Ja, wir können sogar noch weiter gehen und unsere Welt als etwas durch uns Gewordenes begreifen.

Neigung und Erfahrung

Alles, was wir denken, tun und sagen, wirkt sich auf unsere Neigungen und Erfahrungen aus, heißt es in den buddhistischen Karma-Lehren. Dieses Gesetz von Ursache und Wirkung bezieht frühere Leben mit ein. Demnach würden wir schon bei der Geburt das Umfeld und die Gene »ernten«, die wir in früheren Leben »gesät« haben.

Doch läßt sich diese Gesetzmäßigkeit auch innerhalb eines Lebens beobachten. Wenn wir zum Beispiel das erste Mal eine Nußschnitte probieren und sie uns schmeckt, dann werden wir bei nächster Gelegenheit wieder eine essen wollen. Durch das Tun ist also eine Neigung entstanden. Und je öfter wir etwas tun, desto tiefer geht die Neigung. Davon können werdende NichtraucherInnen ein leidig Liedlein singen. Auch andere Neigungen, zum Beispiel zu Wutanfällen oder Selbstmitleid, entstehen und verstärken sich durch Tun, also wann immer wir jammern oder wüten.

Das Tun wirkt aber nicht nur auf unsere Neigungen, sondern auch auf unsere Erfahrungen. Im Nußschnittenbeispiel stoßen wir »zufällig« auf neue Konditoreien, ein Buch mit köstlichen Rezepten fällt uns in die Hände, und eine Kollegin entpuppt sich als Nußschnittenspezialistin. Vieles läßt sich sicher mit selektiver Wahrnehmung erklären. Wer hätte nicht schon Schuhe über Schuhe gesehen, wenn er gerade selbst welche kaufen will? Manchmal aber scheint der Zufall verrückt zu spielen. Wie ein Magnet scheinen wir dann zutiefst bedeutsame Ereignisse anzuziehen. Wenn wir zum Beispiel ein Problem mit uns herumtragen, kann ein Satz in einem wahllos aufgeschlagenen Buch oder ein in der U-Bahn aufgeschnapptes Wort ganz plötzlich eine Lösung bringen. Oder wir versöhnen uns innerlich mit einer Person, und sie schreibt uns ganz unerwartet einen netten Brief.

Doch auch ohne seltsame Zufälle ist einsichtig: Durch unsere Gedanken, Worte und Taten ziehen wir passende Erfahrungen an. Zum Beispiel wird ein Miesepeter selten freundlich behandelt, was ihm wieder Anlaß gibt zu noch schlechterer Laune. Ein Gierhals versetzt sogar großzügige Menschen in Knauserlaune, was ihm noch mehr Anlaß zu Gier gibt. Ist man nicht offen für eine neue Beziehung, verliebt man sich ständig in Menschen, die anderweitig gebunden sind, oder erlebt Zurückweisungen, so daß man sich noch mehr verschließt.

Den buddhistischen Lehren zufolge verursachen wir also selbst unsere Erfahrungen und zwar durch das, was wir denken, tun und sagen. Wir irren, wenn wir die Ursachen in der Außenwelt vermuten.

Innen und Außen

Wenn wir uns über ein Täßchen Kaffee freuen, glauben wir meist, der gute Kaffee habe uns glücklich gemacht. Ihn halten wir für die Ursache unseres Glücks. Im Buddhismus gilt er aber – wie gesagt – nur als Auslöser. Dieser ist nicht unwichtig, doch wenn wir keinen Kaffee mögen oder keinen Durst haben, kann er uns auch nicht beglücken. Die Sprache ist da sehr weise: »Wir freuen *uns*«, heißt es. Wir selbst haben uns also Freude bereitet. Nach meiner Einschätzung steuern wir 95, die Außenwelt aber nur 5 Prozent bei zu unserem Glück und Leid.

Bei so simplen Beispielen mag uns das noch einleuchten. Wir können auch leicht einsehen, wie sehr es von unserer Stimmung abhängt, ob zum Beispiel ein Regentag uns grau in grau erscheint, wild romantisch oder melancholisch süß. Komplexere Zusammenhänge sind dagegen schwerer zu durchschauen. Angenommen, wir freuen uns an einem guten Gespräch. Wie leicht halten wir dann die andere Person für die Ursache unseres Glücks und übersehen ganz, was wir alles in die Situation mitgebracht haben. Zum Beispiel müssen wir gerade in der rechten Stimmung sein für ein Gespräch und genug Zeit haben; wir müssen die Person mögen, das Thema und den Stil des Gesprächs. Das wiederum hängt ab von unserem allgemeinen Hintergrund, von unseren Ansichten und Erfahrungen, unseren Gewohnheiten, Vorlieben und Abneigungen. Und je weniger wir darüber wissen, desto eher halten wir andere Menschen und äußere Umstände für die Ursachen unseres Glücks.

Stimmung und Hintergrund

Die eigentlichen Ursachen für unsere Erfahrungen liegen also in unserer Stimmung und in unserem allgemeinen Hintergrund.

Erstere läßt sich relativ leicht heben. Wir können singen oder spazierengehen, malen oder meditieren, ein heißes Bad nehmen oder eine Entspannungsübung machen. Die geeigneten Anlässe sind von Mensch zu Mensch verschieden und auch abhängig von der augenblicklichen Situation.

Hat unsere Stimmung sich gehoben, können wir besser an unserem allgemeinen Hintergrund arbeiten und größere Probleme leichter bewältigen. Darum empfiehlt es sich, eine grundsätzliche Auseinandersetzung nicht in schlechter Stimmung zu führen und lieber eine Pause einzulegen, wenn wir wütend werden oder uns verletzt fühlen. Wir mögen dann zwar herrlich authentisch sein, unsere Probleme werden wir so aber kaum lösen und unseren Standpunkt auch nicht angemessen vertreten können.

Diese Erkenntnis können wir auch auf unsere Mitmenschen anwenden. Kommt zum Beispiel unsere beste Freundin und heult Rotz und Wasser, weil ihr Liebster sie verlassen hat, dann sagen wir nicht: »Sieh es als Spiegel; eigentlich hast Du ihn nie wirklich geliebt!«, um sie dann ihrem Elend zu überlassen, damit sie an ihrem Karma arbeiten kann oder wie immer wir unsere Lieblosigkeit auch rationalisieren mögen. Die Freundin wird sich jedenfalls noch schlechter fühlen und ihr Problem noch weniger lösen können. Hilfreicher ist es, ihr einen geeigneten Anlaß für eine bessere Stimmung zu bieten. Wir können ihr ein Teechen kochen oder sie in den Park locken. Wir können ihr die Liebe geben, nach der sie sich so verzweifelt sehnt. Fühlt sie sich dann besser, wird sie ihr Problem leichter bewältigen können und irgendwann vielleicht auch bereit und fähig sein, an ihren inneren Strukturen zu arbeiten.

Diese sind meist ziemlich eingefahren und lassen sich nur schwer verändern. Dazu müssen wir sie uns erst einmal bewußt machen. Das erfordert viel Mut, Geduld und Distanz zu uns selbst. Wir müssen uns also in Tausenden von Situationen beobachten, vorzugsweise dann, wenn wir emotional besonders aufgewühlt sind, denn dann können wir sicher sein: Das hat viel mit uns selbst zu tun.

Mit der Zeit erkennen wir immer klarer, was wir zu unseren Erfahrungen beisteuern, und wir erleben Momente von Freiheit, wenn wir erkennen: Ich bin kein ohnmächtiges Opfer, ich habe selbst hieran mitgewirkt durch meine Stimmung, die sich heben läßt, und durch meinen allgemeinen Hintergrund, der sich ungleich hartnäckiger hält. Manche Strukturen werden sich vielleicht nie verändern lassen. Wir können aber lernen, geschickt mit ihnen umzugehen, und uns selbst gegenüber ein bißchen großzügig sein.

Schuldgefühle, Größenwahn und Grübeleien

Wie wir gesehen haben, befreit die Einsicht in das Zusammenspiel von Innen und Außen von Opfergefühlen. Vorausgesetzt, wir geraten nicht in die Fallen von Schuldgefühlen, Größenwahn und Grübeleien.

Vielleicht denken wir: Wenn die anderen nicht schuld sind an meiner schlechten Laune, an meiner Einsamkeit und der beruflichen Misere, dann bin ich »selber schuld«. Dann ärgern wir uns nicht mehr über die anderen, sondern über uns selbst. Besonders Menschen, die ihre christliche Prägung – vor allem das Konzept von Sünde – nicht aufgearbeitet haben, neigen zu Schuldgefühlen. Geht es ihnen schlecht, dann glauben sie leicht, das geschehe ihnen recht, sie seien selbst schuld. Dabei ist in Wirklichkeit niemand »schuld«. Weder wir selbst noch unsere Mitmenschen, weder die Gesellschaft, noch Gott, der Teufel oder Buddha. Niemand hat das Drama unseres Lebens in der Hand. Niemand kontrolliert das Spiel der Kräfte. Wir mögen zwar oft glauben, wir könnten alles »in den Griff kriegen«, wenn wir uns nur richtig bemühen. In Wirklichkeit können wir aber immer nur Impulse setzen: solche, die Leiden schaffen, oder solche, die das Herz öffnen. Ob die Ereignisse dann wie gewünscht verlaufen, haben wir nicht in der Hand. (*)

Vermeiden wir die Falle der Schuldgefühle, verfallen wir vielleicht dem Größenwahn, indem wir zum Beispiel denken: Von jetzt an werde »ich« nur noch heilsame Impulse nähren. Wir glauben dann: Ich muß mich nur genug anstrengen, viel meditieren, positiv denken, dann werde ich nur Angenehmes erleben und den Alltag in ein Fest der Liebe verwandeln. Und wenn das nicht gelingt – und es gelingt nie! –, halten wir uns für VersagerInnen, für schlechte Menschen. Dann müssen wir noch mehr meditieren und noch positiver denken, um diese Erde vielleicht doch noch in ein Paradies zu verwandeln. So dreht sich die Spirale von Größenwahn und unerfüllbaren Ansprüchen zu Selbstzweifeln und negativen Selbstbildern zu noch höheren Ansprüchen und noch tieferen Enttäuschungen. Doch das Leben funktioniert besser – so eine buddhistische These – , wenn wir uns nicht an unsere Selbstbilder klammern, und uns damit abfinden: Niemand hat dieses irdische Theater in der Hand, und es werden nicht nur Lustspiele inszeniert.

In die dritte Falle geraten vor allem Intellektuelle: Sie grübeln und spekulieren, ohne jemals irgendetwas zu tun. Die Gedankenschleifen könnten so aussehen: Wenn ich selbst bestimmte äußere Umstände anziehe, was ist dann die genaue Ursache für den Streit mit der Kollegin X und dem Nachbarn Y? Was bedeutet der Konflikt mit meinen Eltern auf der »karmischen« Ebene? Was soll ich daraus lernen? Wie könnte ich solche Probleme ein für alle Mal lösen? So wird endlos spekuliert über die »wirkliche« Ursache und die absolut »richtige« Lösung. Diese gibt es aber nicht, und das ständige Grübeln führt zu nichts.

Der Blick in den Spiegel

Fruchtbarer ist es, unsere Erfahrungen wieder und wieder auf das Zusammenspiel von Innen und Außen hin zu untersuchen. Mit der Zeit wird unsere innere Weisheit sich ganz natürlich entfalten und neue Wege weisen.

Plötzlich merken wir vielleicht: Unsere Nachbarin redet aus einer Verteidigungshaltung heraus schlecht über andere. Wollen wir also keinen Klatsch und Tratsch mehr anhören, dann können wir ihre guten Seiten loben, so daß sie es nicht mehr nötig hat, über andere herzuziehen. Oder wir erkennen: Unsere Neigung, keine Stellung zu beziehen, lockt die Oberlehrerseite des Kollegen X hervor. Vielleicht wird er sein lästiges Dozieren einschränken, wenn wir öfter unsere Meinung sagen. Liegt uns das nicht, dann müssen wir es eben lernen. Zum Beispiel können wir uns vornehmen, bei jeder Betriebssitzung etwas zu sagen, auch wenn wir nur eine Randbemerkung machen. Hauptsache, wir machen einen Schritt in die richtige Richtung. Dann ändern sich auch – den Karma-Lehren zufolge – unsere Neigungen und unsere Erfahrungen.

Die Umwelt ist ein Spiegel. Wir entdecken diese Wahrheit, wenn wir hineinschauen. Wir verfehlen die Botschaft, wenn wir uns schuldig fühlen wegen der Spiegelbilder, wenn wir versuchen, das wirre Haar im Spiegel zu kämmen, oder nur über den Mechanismus des Spiegeleffekts nachgrübeln. Wir sind auf dem Weg in die Freiheit, wenn wir erkennen, daß wir durchaus entscheiden können, welche Miene wir aufsetzen und in welchen Spiegel wir schauen wollen. Manchmal genügt eine leichte Drehung des Kopfes, und statt grauer Mauern und übellauniger Menschen sehen wir den blauen Himmel oder einen bunten Blumenkasten. »Der Kopf ist rund, damit das Denken die Richtung wechseln kann«, sagte Francis Picabia. (*)

Die folgende Übung soll Ihnen helfen, eine Begegnung auf das Zusammenspiel von Innen und Außen hin zu untersuchen. Sie können sie zuerst mit einer angenehmen und dann mit einer unangenehmen Begegnung durchführen oder umgekehrt vorgehen. Und Sie können diese Übung immer wieder machen, um sich immer besser kennenzulernen.

Übung: Innen und Außen

Denken Sie an eine unangenehme Begegnung in der letzten Woche. Rufen Sie sich so viele Einzelheiten ins Gedächtnis wie nötig, damit Sie die Atmosphäre und Ihre Stimmung deutlich erinnern können.

Fragen Sie sich: Was hat mich geärgert? Was genau hat den Ärger ausgelöst? Eine Geste oder ein Wort, eine fehlende Geste oder ein fehlendes Wort?

Wie habe ich reagiert? Mit offenem oder verstecktem Ärger? Mit Rückzug oder Ablenken? Mit Essen, Kaffee trinken, Rauchen, Arbeiten?

Was hat meine Reaktion bewirkt? Hat sich der Konflikt aufgelöst? Hat er sich verschärft? Blieb alles beim Alten?

Nun können Sie erforschen, was Sie in die Situation mitgebracht haben durch Ihre aktuelle Stimmung und Ihren Hintergrund, indem Sie sich fragen:

Wie habe ich mich unmittelbar vor der Begegnung gefühlt? Entspannt, offen, interessiert? Habe ich mich auf die Begegnung gefreut? Stand ich unter Druck? Hätte ich das Treffen lieber abgesagt?

Was empfinde ich für diese Person? Mag ich sie? Finde ich sie unausstehlich? Gehen mir bestimmte Verhaltensweisen schon lange auf die Nerven?

Erkennen Sie Ihren Beitrag zu dem Konflikt?

Fragen Sie sich zum Abschluß: Was kann ich tun, um die nächste Begegnung fruchtbarer zu gestalten?

Wiederholen Sie die Übung nun mit einer angenehmen Begegnung und erforschen Sie auch hier wieder Auslöser, Reaktion und Wirkung, Stimmung und Hintergrund.

In uns – so lautete die These – liegen die Ursachen für Glück und Leid. Und in uns liegt auch die Quelle echter Liebe, nämlich innerer Reichtum. (*) Diesem möchte ich mich im nächsten Kapitel zuwenden.

Den inneren Reichtum entdecken

Um wirklich lieben zu können, brauchen wir ein Gefühl des inneren Reichtums, ein Gefühl von Selbstwert und Würde. Wie aber können wir das entwickeln?

Selbstvertrauen entsteht unter anderem durch ein stabiles und vielfältiges Beziehungsnetz und eine Arbeit, die uns Freude macht. Diese äußeren Bedingungen sind nicht unwichtig. Doch sollten wir uns nicht abhängig fühlen von äußeren Faktoren, die nur den Anlaß liefern für unser Glück. Die eigentliche Ursache liegt in uns, in den uns innewohnenden Qualitäten von Offenheit, Klarheit und Feinfühligkeit, in unserem grundlegenden Gutsein, unserer Buddha-Natur.

Die acht »weltlichen« Dinge

Im Buddhismus werden acht »weltliche« Belange genannt: vier, nach denen wir verlangen – Besitz, Status, Zuneigung und angenehme Gefühle; und vier, die wir zu vermeiden trachten – Armut, Schande, Ablehnung und unangenehme Gefühle.

Die einzelnen Bereiche werden von den Menschen verschieden gewichtet, je nach Schicht, Geschlecht und Mentalität. Für die meisten Männer spielen Besitz und sozialer Status eine große Rolle. Viele definieren sich über Wissen, Arbeitsplatz und sexuelle Potenz und fühlen sich wertlos, wenn sie ihre Arbeit verlieren. Frauen ist meist etwas anderes wichtiger: Beziehungen, Zuneigung und angenehme Gefühle, nicht selten auch Besitz und Status des Ehemannes. Sie zweifeln an ihrem Wert als Frau, wenn sie ohne feste Beziehung sind und für niemanden sorgen können.

Irgendwann mag uns klar werden: Die »weltlichen« Dinge sind uns niemals sicher. Wenn wir darauf unser Selbstwertgefühl stützen, fällt es leicht in sich zusammen. Doch können wir es auf einen »Felsen« bauen, wenn wir einen inneren Weg der Selbsterkenntnis und -entwicklung gehen.

Die äußere Lebensform ist dabei nicht das Entscheidende. Auch im Kloster kann man ein »weltliches« Leben führen; dann nämlich, wenn es einem vor allem um angenehme Gefühle geht, um Anerkennung und Einfluß in der Gemeinschaft, um Rechthaben und »besser« sein wollen. Entdeckt man aber seinen inneren Reichtum und teilt ihn mit anderen, dann lebt man ein »geistiges« Leben, auch wenn das äußerlich gar nicht auffällt.

Tatsächlich ist der Unterschied oft schwer zu erkennen. Zum Beispiel mag eine Person auf dem geistigen Weg eine tiefinnerliche Freude entdeckt haben. Nun ist sie oft ganz einfach froh und kann auch andere mit ihrer Daseinsfreude anstecken. Jemand anders aber, der genauso oft und womöglich noch süßer lächelt, macht das vielleicht nur, weil es ihm als ein Attribut von Heiligkeit erscheint, und als heilig möchte er gelten und dafür bewundert werden. Oder er will geliebt werden für sein liebes Lächeln. Er will etwas haben, statt zu sein.

Sein und Haben – diese beiden von Erich Fromm analysierten Modi – kommen fast immer gemischt vor. Wir können sie klarer erkennen, wenn wir nicht an unseren Idealbildern kleben, denn sonst glauben wir vielleicht, wir »sind« großzügig, und übersehen dabei ganz, daß wir auch etwas »haben« wollen – ein Dankeschön, Anerkennung oder das Gefühl, ein besserer Mensch zu sein. Das heißt natürlich nicht, wir sollten erst dann geben, wenn wir das aus reiner Freude am Geben können. Besser, man gibt teilweise aus egoistischen Motiven, als daß man gar nichts gibt.

Die guten Seiten des Lebens

Die Einsicht, daß weltliche Dinge letztendlich nicht glücklich machen, sollte allerdings nicht dazu führen, sie zu verdammen. Wir können sie wertschätzen und uns an ihnen freuen.

Das fällt vielen Menschen gar nicht leicht. Oft konzentrieren sie sich fast ausschließlich auf Probleme, Mängel oder Schwierigkeiten. An gesunden Gliedern können sie sich nicht freuen, aber wehe, wenn sie sich einmal den kleinen Zeh verstauchen. Sie bemerken zwar die tropfende Nase, aber nicht, wie oft sie nicht erkältet sind. Unser Lebensgefühl verbessert sich spürbar, wenn wir auf die schönen Dinge achten und auf das, was im Leben klappt.

Zu den guten Seiten des Lebens gehören auch die vielen Probleme, die wir nicht haben. Wenn wir in schwierigen Zeiten daran denken, lassen wir den Mut nicht so leicht sinken. Lebensfrohe Menschen nehmen eine solche Haltung ganz natürlich ein. Geht etwas schief, denken sie: Es könnte noch schlimmer sein. Wenn das Auto nicht durch den TÜV kommt, eine Steuernachforderung ins Haus flattert oder der Sohn in der Schule sitzen bleibt: Kopf hoch, das Leben geht weiter, denn der Sohn lebt noch, und wir haben immerhin so viel verdient, daß wir Steuern zahlen müssen.

Auch wenn nicht immer alles haargenau so läuft, wie wir es gerne hätten, geht es uns im Westen meist recht gut. Ein tibetischer Lama sagte nach seiner ersten Rundreise durch mehrere europäische Städte, er habe noch nie in so kurzer Zeit so viele wohlhabende Menschen jammern gehört. Die folgende kleine Übung ist inspiriert von dem vietnamesischen Zen-Lehrer Thich Nhat Hanh. Sie kann – wie die Übung »Mein Leben ist kostbar« – die Stimmung rasch heben und Dankbarkeit und Freude wecken.

Übung: Die fünf Sinne

Sprechen Sie innerlich folgende Sätze mehrmals vor sich hin, berühren Sie die angesprochenen Sinnesorgane und freuen Sie sich daran:

Ich berühre meine Augen. Wie wunderbar, ich kann sehen.
Ich berühre meine Ohren. Wie wunderbar, ich kann hören.
Ich berühre meine Nase. Wie wunderbar, ich kann riechen.
Ich berühre meine Zunge. Wie wunderbar, ich kann schmecken.
Meine Hände berühren sich. Wie wunderbar, ich kann spüren.

Das kostbare Menschenleben

Wie aber können wir uns innerlich reich und wertvoll fühlen, unabhängig von äußeren Faktoren?

Als Christen könnten wir zum Beispiel sagen: Ich bin ein Kind Gottes und werde es immer bleiben. Analog dazu betonen die buddhistischen Lehren: Jedes Lebewesen ist wertvoll, weil es »Buddha-Natur« besitzt. Im Grunde sind wir schon jetzt vollkommen, wir müssen nur zu unserer wahren Natur »erwachen«, also Buddha werden. (*)

Was aber ist ein oder eine Buddha? Für den Anfang genügt es zu sagen: Buddha ist ein Wesen, das in höchstem Maße unsere Ideale verkörpert, sei es nun Weisheit oder Freude, Kraft oder Mitgefühl. Diese Qualitäten sind schon jetzt in unserem Geist, sonst könnten wir sie uns gar nicht vorstellen. Wir tragen sie also bereits in uns, und das menschliche Leben ist überreich an Gelegenheiten, zu unserer wahren Natur zu erwachen.

Da sind Ärger, Streit und Schicksalsschläge. Sie können uns wach rütteln, damit wir über uns nachdenken und unserem Leben eine neue Richtung geben. Wie im vorigen Abschnitt können wir auch an das Gute in unserem Leben denken und daran, daß wir frei sind von vielen Problemen, diesmal aber unter dem Aspekt, daß wir uns dadurch innerlich entwickeln können. Zum

Beispiel haben wir genügend Kraft und Freiräume, an uns zu arbeiten, wenn wir nicht schwerkrank sind oder ums Überleben kämpfen müssen, nicht an Süchten und Gewohnheiten kleben oder uns in endlosen Vergnügungen verlieren. Günstig ist auch ein Umfeld, in dem ethische Werte und geistige Wege vermittelt werden; Menschen, Bücher und Veranstaltungen, durch die wir spirituelle Lehren und Methoden kennenlernen können. Wichtig ist aber auch der Wille und das Vertrauen, uns auf einen geistigen Weg einzulassen. Dann haben wir den buddhistischen Lehren zufolge die besten Voraussetzungen, Glück und Frieden zu finden, tiefe Einsicht zu gewinnen und uns von allem Leid zu befreien. (*)

Übung: Mein Leben ist kostbar

Denken Sie im ersten Schritt an große Probleme, die Sie von anderen kennen, selbst aber nicht haben. Freuen Sie sich darüber.

Lassen Sie im zweiten Schritt folgende Sätze auf sich wirken und registrieren Sie die Gedanken, Bilder und Gefühle, die sie auslösen. Wenn Sie manche Schwierigkeiten hin und wieder erleben, freuen Sie sich, daß das nicht ständig geschieht:

Ich bin frei von schwerer Krankheit, von höllischer Wut, von unersättlicher Gier, von ständiger Angst und Gewalt, von heftigem Neid und brennender Eifersucht, von geistigen Blockaden und engstirnigen Ansichten.

Freuen Sie sich, daß Sie frei davon sind.

Denken Sie im dritten Schritt an alles, was in Ihrem Leben gut funktioniert. Denken Sie zum Beispiel an Ihre Gesundheit, Ihre Wohnung, Ihre Familie, Ihre Arbeit, an FreundInnen und Bekannte, an Kleider und Bücher, an Bilder, Möbel und alles, was Sie besitzen. Richten Sie dabei Ihr Augenmerk auf das, was da ist. Freuen Sie sich über alles, was Ihr Leben bereichert und Freude bereitet.

Lassen Sie im vierten Schritt folgende Sätze auf sich wirken und registrieren Sie die Gedanken, Bilder und Gefühle, die sie auslösen.

Auch wenn nicht alles auf Sie zutrifft, freuen sie sich an dem, was da ist:

Ich bin ein Mensch mit Interesse an geistiger Entwicklung, und ich habe Vertrauen, daß ich an mir arbeiten kann. Ich bin geistig und körperlich relativ gesund und habe Muße und Gelegenheit, mich zu entwickeln. Ich kenne Menschen, Bücher und Übungen, die mich inspirieren, und bin auch bereit zu üben.

Freuen Sie sich über alle günstigen Bedingungen.

Buddha-Natur

Wie bereits erwähnt, können Lebewesen erwachen oder Buddhas werden, weil sie Buddha-Natur besitzen. Damit ist die Tiefenschicht des Geistes gemeint, nicht das Oberflächenbewußtsein oder der »Affengeist«, nicht die Ebene der sinnlichen Wahrnehmungen, Gedanken und Gefühle, Willensimpulse und so weiter. Übrigens heißt es in der tibetischen Tradition, normale Menschen erlebten fünfundsechzig solcher Wahrnehmungsmomente in einem Augenblick, Buddhas in derselben Zeit dagegen dreitausend. Jedenfalls ist in einem solchen Blitzlichtgewitter keine Stabilität möglich. Um diese zu erreichen, müssen wir unsere Buddha-Natur spüren und in ihr ruhen. Dann können wir immer noch denken, fühlen und unseren Alltag organisieren, leben aber ohne Druck, Angst und Einsamkeit. Wir fühlen uns offen, klar und feinfühlig. Diese drei Aspekte von Buddha-Natur können wir in jeder stillen Meditation zumindest für Momente erleben. Sie sollen im folgenden ausführlicher beschrieben werden.

Leben ist ein Geheimnis

Sind wir wach, entspannt und identifizieren uns nicht mit den oberflächlichen Impulsen, dann können wir feststellen: Die Situation ist immer offen. Wir wissen nie, was im nächsten Moment geschehen wird, nicht einmal, was wir im nächsten Moment tun, sagen oder denken werden. Das kann Angst machen. Deswegen richten Menschen sich so gern in Gewohnheiten ein und meiden Situationen, in denen sie mit Unerwartetem rechnen müssen. Das macht ihr Leben arm und ist im Grunde absurd, denn das Unerwartete geschieht sowieso. Jeder Moment ist vollkommen neu, auch wenn er einem vergangenen ähnelt. Wie heißt es so schön bei Heraklit? Kein Mensch steigt zweimal in denselben Fluß.

Der zweite Aspekt von Offenheit kann uns noch mehr erschüttern. Erfahren können wir ihn in Momenten, in denen wir uns vollkommen lebendig fühlen und intensiv empfinden, ohne wirklich zu begreifen, was da geschieht. Der Verstand bleibt einfach stehen. Vielleicht beim Anblick einer Blume oder eines Sonnenuntergangs, wenn wir in ein Lächeln versinken, uns von einer Musik verzaubern lassen oder uns hingebungsvoll einer Sache widmen. Dann können wir uns plötzlich ergriffen fühlen von einem namenlosen Staunen, einem wortlosen Begreifen: Das Leben ist ein Wunder, ein Geheimnis, mit Worten nicht zu fassen.

Worte sind deshalb nicht nutzlos. Wenn wir uns im Leben zurechtfinden wollen, müssen wir unseren Verstand gebrauchen und Dinge und Umstände richtig benennen. Doch können Worte immer nur die Oberfläche streifen. Sie sind nur »Finger, die auf den Mond zeigen«. Lösen wir also den Blick von dem Finger und schauen wir auf den Mond. Lassen wir uns von seinem Geheimnis anrühren und genießen wir diese Momente, da wir wissen: Unsere Alltagserfahrungen sind wichtig, aber nicht einzig wichtig. Wir können immer wieder einen Schritt hinaustreten in den offenen Raum und mit den Dingen tanzen, das Mysterium des Lebens feiern, das unsagbar ist und ewig neu.

Die Klarheit des Geistes

Wenden wir die Aufmerksamkeit nach innen, spüren wir nicht nur die Offenheit des Geistes. Wir stellen auch fest: In diesem offenen Raum geschieht ständig irgendetwas, kann etwas geschehen, weil er klar ist. Sinnesempfindungen steigen auf; Fühlen und Denken, Wollen, Ablehnen und Selbstwahrnehmen geschieht. All diese Phänomene erscheinen, bleiben eine Weile und verschwinden wieder.

Normalerweise haben wir allerdings keinen klaren Blick auf die Erscheinungen. Trinken wir beispielsweise ein Glas Saft, dann sehen wir das gewöhnlich so: Hier bin ich, das Subjekt. Meine Hand greift nach dem Glas, dem Objekt. Dann tue ich etwas, trinken. Ich trinke Saft – Subjekt, Prädikat, Objekt. Ein Subjekt tut etwas mit einem Objekt. Das ist die Struktur der Sprache; so denken wir.

Schauen wir uns diesen einfachen Vorgang in der Klarheit des Geistes an, dann sieht das so aus: Statt »ich sehe das Glas« erleben wir: »Form- und Farbwahrnehmung geschieht, Druckempfindung geschieht.« Das ist alles. »Ich trinke« verwandelt sich in »riechen, tasten, schmecken, Kälte spüren«. Doch es gibt kein Ich, das etwas tut. Nur der Verstand spaltet die Wahrnehmungen ständig auf und preßt sie in sein Subjekt-Prädikat-Objekt-Schema. In Wirklichkeit aber gibt es keine Dinge; es gibt nur Wahrnehmungen, Prozesse, ein dynamisches Universum, in dem wir uns auf wunderbare Weise zurechtfinden.

Wer findet sich zurecht?

Niemand, heißt es im Buddhismus. Es gibt kein Ich, das all diese Wahrnehmungen »macht«, kein unveränderliches und vom Rest der Welt getrenntes Subjekt. Es gibt nur ein Ichgefühl. Und es gibt Vorstellungen darüber, wie wir sind und wie wir sein sollten: »Ich bin eigentlich ordentlich.« »Ich muß das schaffen. «Ach, wäre ich doch gefühlvoller.» «Warum kann ich nicht besser Englisch?» «Ich kann einfach nicht kochen.» «Ich hasse Computer.» Solche Gedanken inspirieren uns manchmal zu neuen Schritten. Doch meist engen sie uns ein.

Der Buddhismus lehrt: Je weniger wir an Selbstbildern kleben, desto besser kommen wir mit dem Leben zurecht. Wir sind offener für das, was geschieht. Wir spüren, hören und sehen mehr und können angemessener und flexibler handeln. Das erfahren wir, wenn wir einmal ein unrealistisches Selbstbild erkennen und loslassen. Zu tiefgreifenden Veränderungen kommt es aber erst, wenn wir viele kleine Irritationen genau untersuchen, die dahinterstehenden Selbstbilder aufspüren und loslassen, immer wieder loslassen, wenn auch nur für kurze Zeit. So entsteht Raum für Veränderungen und das Vertrauen in ein freudvolles und kreatives Leben frei von starren Selbstbildern.

Spontanes Mitgefühl

Ruhen wir in der Natur des Geistes, dann ist da nur der offene, klare Raum für Erscheinungen, die unablässig aufsteigen und wieder verschwinden, dann sind da keine voneinander getrennten Subjekte und Objekte mehr. Und weil da keine Trennung mehr ist, kann sich spontanes Mitgefühl entfalten. Für uns, für andere, für alles. Vollkommen natürlich. Ohne jede Anstrengung. Wer sollte sich auch anstrengen? Da ist kein Ich, das etwas tun müßte. Da sind keine von uns getrennten Anderen, mit denen wir Mitgefühl haben müßten. Da ist nur dieses spontane Mitfühlen. Das ist der dritte Aspekt von Buddha-Natur, auch Feinfühligkeit genannt. (*)

Erkennen wir die Offenheit des Geistes aber nicht und spalten wir die Erscheinungen auf in eine objektive Außen- und eine subjektive Innenwelt, dann sind wir ständig versucht, nach Angenehmem zu greifen, Unangenehmes abzuwehren und Neutrales zu ignorieren. Statt Mitgefühl empfinden wir dann also Gier, Haß oder Gleichgültigkeit. Diese Reaktionen können wir vielleicht in Zaum halten, wenn wir ständig auf uns achten und die ethischen Regeln einhalten. Auflösen können wir sie aber nur, wenn wir die Natur des Geistes erkennen.

Stabiles Selbstwertgefühl

Ruhen wir in Buddha-Natur, dann ist unser Selbstwertgefühl stabil. Doch es ist auf Sand gebaut, wenn wir dem unsteten Oberflächengeist verhaftet sind oder uns auf äußere Bedingungen verlassen, denn diese sind unbeständig. Status und Besitz, Zuwendung und angenehme Gefühle entstehen unter günstigen Bedingungen, bleiben eine Weile und verschwinden dann wieder. Darin gibt es keine Sicherheit. Diese kann nur auf einem geistigen Weg gewonnen werden. Krishna sagt in der Bhagavad-Gita, einem hinduistischen Klassiker, den viele religiöse Inder und Inderinnen besonders lieben: »Kein Schritt ist verloren auf diesem Pfad, und es droht keine Gefahr, und selbst der kleinste Fortschritt bringt Freiheit von Furcht.« (*)

Der Buddhismus kennt viele Methoden, wie wir unsere Buddha-Natur entdecken können, jenen inneren Reichtum, aus dem reine Liebe wachsen kann. Die folgende Übung soll Ihnen einen Geschmack von der Offenheit, Klarheit und Feinfühligkeit Ihres Geistes geben.

Übung: Offenheit, Klarheit, Feinfühligkeit

Nehmen Sie sich etwas Zeit und spüren Sie die Offenheit in ihren beiden Aspekten:

Diese Situation ist offen. Sie wissen nicht, was als nächstes geschehen wird. Und was der Verstand denken kann, ist weniger als das, was ist. Das Denken kann das Wunder, das Geheimnis des gegenwärtigen Augenblicks nicht fassen.

Dann richten Sie Ihre Aufmerksamkeit auf die aufsteigenden Empfindungen und Gefühle. Nehmen Sie beispielsweise eine Tasse Tee in die Hand. Was genau geschieht, wenn Sie denken: »Das ist eine Tasse Tee. Ich trinke jetzt aus der Tasse.«? – Sehen geschieht, Druckempfindung geschieht, Geschmacksempfindung geschieht,

Geruchsempfindung geschieht. Der Gedanke »Tasse« steigt auf. Der Gedanke »Ich trinke Tee.« steigt auf. Sonst nichts. Es gibt kein Subjekt, das das Objekt Tee trinkt. Beides ist untrennbar miteinander verbunden.

Spüren Sie die Empfindungen in allen Facetten. Öffnen Sie Ihr Herz für alles, was in diesem unfaßbaren Universum geschieht.

Sternstunden

Mit einer kleinen Übung können wir die uns innewohnende Offenheit, Klarheit und Feinfühligkeit relativ leicht spüren: Wir erinnern uns an unsere Sternstunden. Wir alle haben uns in den letzten Tagen oder Wochen zumindest für Momente vollkommen wohl und geborgen gefühlt, voller Freude, Kraft und Verbundenheit. Jede Person wird diese Augenblicke anders erleben. Menschen, die eher schwer und dumpf sind, fühlen sich dann leicht und wach, aktive und unruhige Menschen dagegen friedlich und ruhig. Optimistische Tatmenschen spüren himmlischen Gleichmut, und Pessimisten fühlen sich geborgen und froh.

Übung: Sternstunden

Erinnern Sie sich an eine Situation in den letzten Tagen oder Wochen, in der Sie sich besonders wohl gefühlt haben. Denken Sie an so viele Einzelheiten wie nötig, um das Gefühl der Offenheit und Freude, des Friedens und des Wohlbefindens deutlich zu spüren.

Welche Bedingungen haben dabei mitgewirkt? Waren Sie draußen in der Natur oder in der Geborgenheit eines vertrauten Raumes? Allein oder mit anderen? In Ruhe oder Bewegung? War es eine vertraute Situation oder eine ungewohnte?

Fragen Sie sich: Was kann ich tun oder lassen, um solchen Erfahrungen mehr Raum zu geben? Was kann ich heute, morgen und in den nächsten Tagen tun oder lassen, um solche Momente zu fördern?

Welche Umstände und Menschen können mich dabei unterstützen?

Viele Menschen machen ihre erste wirklich tiefgreifende Erfahrung von Buddha-Natur in einer Klausur oder einem Meditationsseminar, weil dort besonders günstige Bedingungen herrschen: Eine schöne und freundliche Umgebung lädt dazu ein, sich in die Offenheit des Geistes hinein zu entspannen. Außerdem werden wir dazu angehalten, unsere Gedanken, Gefühle und Empfindungen zu beobachten, einfach nur zuzuschauen, wie sie in der Klarheit unseres Geistes aufsteigen und wieder verschwinden. Meist ziehen mit der Zeit immer weniger Gedanken durch den Geist. Immer seltener spalten wir die Wahrnehmungen auf in Subjekte, Prädikate und Objekte, so daß der Blick auf den Grund des Daseins leichter fällt. Schweigen unterstützt diesen Prozeß, und die Illusion von einem fest abgegrenzten und getrennten Ich löst sich auf, so daß unsere natürliche Feinfühligkeit sich spontan entfalten kann.

Im Alltag ist es ungleich schwieriger, diese Tiefenschicht – Buddha-Natur – zu spüren und aus ihr heraus zu leben. Vor allem unheilsame emotionale Muster können uns davon abschneiden. Das folgende Kapitel handelt von vier Haltungen, durch die Sie sich und Ihre Beziehungen heilen können.

Vier heilsame Haltungen

Gefühle sind das Salz in der Suppe unseres Lebens. Angenehme wünschen wir herbei und unangenehme zum Teufel. Doch können wir die einen nicht ohne die anderen haben: Entweder sind wir empfindungsfähig, dann können Gefühle entstehen, und die sind nicht immer angenehm. Oder wir sind innerlich tot, dann haben wir gar keine Gefühle, auch keine angenehmen.

Auf einem anderen Blatt steht allerdings, wie wir auf Gefühle reagieren: entweder automatisch mit Gier, Haß oder Ignoranz – das schafft zusätzliches Leid – oder mit den vier heilsamen Haltungen Liebe, Freude, Mitgefühl und Gleichmut, die uns »den Himmel auf Erden« schenken können.

Gefühle und mögliche Reaktionen

Im Buddhismus versteht man unter Gefühlen die Bewertung von Wahrnehmungsmomenten als angenehm, unangenehm oder neutral. Ein Lächeln oder ein freundliches Wort, sich selbst vergessen in hingebungsvollem Tun, ein heißes Bad nach einer Skitour – angenehm. Eine Wurzelbehandlung beim Zahnarzt, Verkehrsstau auf dem Weg zu einem geliebten Menschen, das Liebesgeständnis einer Person, die wir unausstehlich finden – unangenehm. Die EU-Einfuhrbestimmungen für Sahnebonbons, wenn wir Diabetiker sind, die Verspätung eines Zuges, den wir sowieso nicht nehmen wollten, die neue Frisur des Briefträgers, mit dem wir nie ein Wort wechseln – neutral.

Auch Buddhas oder Erwachte haben angenehme, unangenehme und neutrale Gefühle, sonst könnten sie kaum überleben, sondern wären ständig in Gefahr zu erfrieren, sich zu verbrühen oder an Ungenießbarem zu sterben. Allerdings reagieren sie anders auf Gefühle, nicht so automatisch wie wir, die angenehme Gefühle immer gleich festhalten wollen und nach mehr verlangen; das läßt sie rasch dahinschwinden. Gegen unangenehme Gefühle wehren wir uns, was sie verstärkt. Und neutrale Gefühle ignorieren wir, so daß sie bald verschwinden, und damit verschwindet auch ein Großteil der Welt für uns. Das macht unser Leben arm. Das bedeutet: Unsere automatischen Reaktionen schaffen Leid.

Wie können wir lernen, anders auf unsere Gefühle zu reagieren?

Zuerst einmal müssen wir unsere Reaktionen erkennen, weil unbewußte Muster uns im Kreislauf ständig sich wiederholender Schwierigkeiten gefangen halten. Diese Muster lassen sich nicht durch eine einzige gewaltsame Willensanstrengung auflösen. Vielmehr müssen wir sie Hunderte von Malen erkennen und spüren, wie sehr sie uns und anderen schaden, bis wir sie ab und zu einmal für Momente loslassen können. Das wäre nach dem Erkennen der zweite Schritt in die Freiheit: Wir reagieren nicht mehr automatisch mit Greifen, Abwehren oder Ignorieren, sondern halten für einen Moment inne. Und wir »schmecken« Freiheit, wenn wir unsere Reaktion anhalten oder gar umwandeln können.

Dann erfahren wir: Loslassen und Nicht-Anhaften machen uns nicht zu einem fühllosen Roboter oder einem Gesteinsbrocken, der in einem kalten Universum seine einsamen Kreise zieht. Ganz im Gegenteil. Wir werden wach und lebendig, ruhen im Augenblick und leben in Einklang mit allem, was in und um uns geschieht.

Helfen kann uns dabei das Einüben der vier »großen Haltungen«. Gemeint sind Liebe, Mitgefühl, Mitfreude oder Freude und

Gleichmut. Ayya Khema sagte, nur diese vier Reaktionen »lohnen« sich; der Rest bringt allen Beteiligten nur Leid. Weil sie gut tun, nennt man sie heilsam. Weil sie uns den Himmel auf Erden bringen, heißen sie auch »göttliche Zustände«. Weil sie voll entfaltet alle Wesen einschließen, nennt man sie die vier »unermeßlichen« oder »grenzenlosen« Haltungen.

Jede dieser Haltungen hat einen »nahen Feind«, mit dem sie häufig verwechselt wird, und dieser verwandelt sich schnell in den »fernen Feind«, das Gegenteil der heilsamen Haltung. Wie wir bereits gesehen haben, ist der »nahe Feind« der Liebe die Anhaftung, die rasch umschlagen kann in Haß, dem Gegenteil von Liebe. Sehen wir uns das – ausgehend von den angenehmen Gefühlen – noch einmal genauer an.

Angenehme Gefühle und Anhaftung

Gefällt uns ein Haus oder ein Gespräch, ein guter Wein oder ein leckeres Eis, dann glauben wir, diese Dinge oder Menschen könnten uns glücklich machen. Wir möchten auch so ein Haus, länger miteinander reden und uns öfter sehen, noch mehr von dem Wein und noch ein kleines Eis. Manchmal bedauern wir auch, daß wir nicht alle Tage so etwas Schönes erleben können.

Was ist geschehen? Ein Sinneseindruck oder Gedanke hat angenehme Gefühle ausgelöst. Statt diese nun schlicht zu genießen, halten wir an den Objekten fest, den vermeintlichen Ursachen für unsere angenehmen Gefühle, welche dann rasch verschwinden: Der Idealisierung folgt unweigerlich die Ent-Täuschung, zuviel Eis oder Wein bekommt nicht gut, und je krampfhafter wir einen Menschen halten wollen, desto geschwinder läuft er davon. Oft sind wir auch traurig, daß die angenehmen Gefühle, die doch per se kurzlebig sind, nicht ewig währen.

Je mehr wir unser Glück von äußeren Umständen erwarten und uns an Menschen und Dinge klammern, desto enttäuschter sind wir, wenn sie uns das ersehnte Glück nicht schenken. Dann schlägt »Anhaftung« um in Abneigung oder gar Haß. Wir stellen fest: Die sympathische Kollegin ist eigentlich kleinlich und geschwätzig. Den netten Nachbarn finden wir plötzlich arrogant, und der neue Traumjob entpuppt sich als ein Arbeitsplatz mit verhaßten Routinetätigkeiten. So manches Paar, das sich einst leidenschaftlich »liebte«, haßt sich nun gleichermaßen intensiv und verkehrt nur noch über Rechtsanwälte miteinander. Was in Haß umschlagen kann, ist aber keine Liebe, sondern Anhaftung, ihr »naher Feind«.

Freude, Dankbarkeit und Liebe

Wie können wir weiser auf angenehme Gefühle reagieren? – Mit Freude, Dankbarkeit und liebevollem Teilen, rät die buddhistische Tradition.

Freude: Wir können uns schlicht darüber freuen, daß alles zusammengekommen ist, Freude in uns zu wecken: ein geeigneter Auslöser, eine entspannte Grundstimmung und die Bereitschaft, uns über dieses oder jenes zu freuen. Die heilsame Haltung der Freude werde ich im nächsten Abschnitt noch ausführlicher behandeln.

Dankbarkeit: Direkt oder indirekt haben andere Menschen an unserem Wohlbefinden mitgewirkt. Das ist nicht selbstverständlich. Wir können ihnen danken: der freundlichen Kellnerin und dem guten Koch im Restaurant, der hilfsbereiten Buchhändlerin, die uns auch nach Ladenschluß noch das gewünschte Buch verkauft, und der Steuerberaterin, die sich besondere Mühe mit unserer Steuererklärung gegeben hat.

Zu guter Letzt können wir durch die angenehmen Gefühle auch unser Herz für andere öffnen. Wenn wir zum Beispiel gerade die Sonne genießen, können wir wünschen: Mögen alle Menschen, die jetzt in der Sonne sitzen, sich auch daran freuen können. Oder: Mögen alle Menschen heute noch die Sonne genießen können. Unserer Phantasie sind keine Grenzen gesetzt. Hauptsache, der Gedanke öffnet unser Herz.

Anfangs mag es uns etwas seltsam vorkommen, bei einem Spaziergang durch die Stadt, beim Essen und Lesen, beim Tanzen und Arbeiten, Einschlafen und Aufwachen solche »Wunschgebete« zu sprechen. Sind wir damit vertraut, kommen sie uns ganz natürlich in den Sinn: Mögen alle Menschen heute erfrischt und ausgeruht erwachen. Mögen alle Menschen ihr Frühstück genießen können. Mögen alle Menschen heute ein spannendes oder hilfreiches Buch lesen können. Mögen alle Menschen Freude an ihrer Arbeit haben.

Freude und Mitfreude

Angenehme Gefühle lösen Freude aus, wenn wir sie ohne Anhaftung genießen können: ein Lächeln oder ein liebevolles Wort, Musik oder ein gutes Buch, ein Dauerlauf oder Sonnenuntergang, eine gute Arbeit oder ein gelungenes Menü. Sie können sich jetzt gleich eine kleine Freude bereiten, indem Sie sich an schöne Momente erinnern. Sie können auch aufschauen und sich umsehen. Vielleicht fällt Ihr Blick dann auf etwas, das Freude weckt: ein hübsches Bild, eine Blume oder der blaue Himmel.

Leider entgehen uns viele Freuden, weil wir das Gute leicht für selbstverständlich halten. Wie hypnotisiert starren wir nur auf das, was schief geht. Eine positivere Haltung läßt sich aber lernen. So können wir uns überlegen, welche Bereiche unseres Lebens in Ordnung sind: Beziehungen und Arbeit; Gesundheit, Wohnung und Finanzen; Urlaub, Bildungsangebote und spirituelle Anregungen.

Sind wir im großen und ganzen zufrieden mit unserem Leben, können wir uns auch am Glück anderer freuen: an ihrem Reichtum und ihrer Schönheit, ihrer Beliebtheit und Intelligenz, ihren Möglichkeiten und Fähigkeiten, an ihrer Weisheit und Freude, ihrer Offenheit und ihrem Mitgefühl. Denken wir auch an spirituell hoch entwickelte Menschen wie Buddha und Jesus, Theresia von Avila und Hildegard von Bingen. Denken wir an alle Heiligen und Erwachten aller Kulturen und Religionen, aller Zeiten und Räume, an ihre wunderbaren Qualitäten und den Segen, den sie allen Wesen spenden, dann haben wir ein unermeßlich weites Feld, um »Samen der Freude« zu säen. Wenn wir uns also nicht dazu durchringen können, systematisch an uns zu arbeiten, können wir uns einfach in die Hängematte legen oder in den Garten setzen und uns über andere Menschen freuen. Lama Thubten Yeshe nannte Mitfreude darum auch den »Weg der Faulpelze zum Erwachen«.

Mitfreude kann sich auch in guten Wünschen ausdrücken: Mögen alle Wesen höchstes Glück erfahren, das Glück der Befreiung und des Erwachens. Mitfreude schließt aber auch die anderen Ebenen des Wohlergehens mit ein: angenehme Sinneserfahrungen und ein offenes Herz, das Glück der Sammlung und das höchste Glück der Einsicht, das von Leid und Unwissenheit befreit.

Voraussetzung für Mitfreude ist aber – wie erwähnt –, daß wir unser eigenes Leben wertschätzen. Sonst entsteht nichts als Heuchelei, der »nahe Feind« der Mitfreude. Können wir uns nicht von Herzen mit anderen freuen, dann müssen wir erst einmal unseren eigenen Wert entdecken und unser Potential entfalten. Sonst wird der »nahe« leicht zum »fernen Feind«: Mißgunst und Neid, dem Gegenteil von Mitfreude. Dann kommt ans Tageslicht, was wir tief im Herzen schon immer fühlten, nämlich daß wir den anderen ihr Glück nicht gönnen können, weil wir so unzufrieden sind mit unserem Leben.

Frauen neigen im allgemeinen mehr zum Neid als Männer, vor allem auf andere Frauen. Das liegt nicht nur an Minderwertigkeitsgefühlen und ungenutzten Talenten, sondern auch daran, daß viele nicht gelernt haben, Frauen als Autoritäten anzuerkennen. Sie haben erlebt, wie ihre Mütter sich den Vätern unterordneten, und später meist männliche Autoritäten gewählt: Ärzte,

Rechtsanwälte und Psychotherapeuten. Männer waren in der Regel auch zuständig für das »wesentliche« Lernen an der Universität, am Arbeitsplatz oder auf dem geistigen Weg. Weibliche Autoritäten sind aber besonders wichtig für Frauen: Sie sind ein geeigneteres, da ähnlicheres Vorbild, und sie vermitteln die Erfahrung, daß Frauen Achtung und Respekt verdienen.

Erkennen wir unseren Neid, dann können wir uns von ihm zu unseren schlummernden Talenten führen lassen und zu unseren Wünschen, zu den Bereichen, die uns wichtig sind. Statt mißgünstig auf andere zu schauen, können wir nun von ihnen lernen und uns anspornen lassen: Die haben das geschafft; dann kann ich das auch. Stecken wir weniger Energie in Neid und Intrigen und mehr in die Ausbildung unserer Talente und in die Förderung der uns wichtigen Bereiche, dann wird Neid ein Weg zu einem »Mehr« an Fähigkeiten und Fertigkeiten. (*)

In den folgenden Übungen freuen wir uns über alles, was schön ist in unserem Leben, entwickeln Mitfreude und benutzen Neid als Sprungbrett in ein erfüllteres Leben.

Übung: Was klappt im Leben?

Schauen Sie auf Ihr Leben und fragen Sie sich:

Habe ich in meiner Partnerschaft ein ebenbürtiges Gegenüber, mit dem ich ungeschminkt reden und mich zeigen kann, wie ich bin?

Kann ich bei vertrauenswürdigen und kompetenten Menschen Rat einholen? Kenne ich Menschen, von denen ich lernen und durch die ich mich entwickeln kann? Habe ich auch gleichgeschlechtliche Vorbilder?

Habe ich loyale Freundinnen und Freunde, mit denen ich mich offen austauschen kann? Unterstützen wir einander im Alltag? Können wir gemeinsam etwas Schönes unternehmen?

Habe ich Freude an meiner Arbeit? Kann ich durch sie meine Lebensenergie gut ausdrücken? Oder gibt es andere Tätigkeiten, in

denen ich völlig aufgehen, denen ich mich ganz hingeben kann?
Habe ich ein Gefühl von Selbstwert und Würde?
Habe ich Freude am Geben? Kann ich großzügig sein?
Bin ich bereit, Verantwortung für mein Leben zu übernehmen?
Woran sonst kann ich mich freuen? Gesundheit, Fähigkeiten, Wohnung, Finanzen, Hobbys, Reisen, Bildungsangebote und spirituelle Anregungen?

Grämen Sie sich nicht, wenn Ihnen irgend etwas fehlt, sondern freuen Sie sich über alles, was Ihr Leben schön und reich macht. (*)

Übung: Mitfreude

Denken Sie an eine Person, die Sie mögen, an alles Schöne in ihrem Leben, an ihre Möglichkeiten, Fertigkeiten und Fähigkeiten. Freuen Sie sich daran: Wie schön, daß es dir gut geht. Möge es dir immer besser gehen.

Wiederholen Sie die Übung mit flüchtigen Bekannten und schließlich mit Menschen, die Sie nicht mögen. Wenn Sie merken, daß Sie sich an ihrem Glück nicht richtig freuen können, registrieren Sie das und üben Sie weiter, am besten mit Menschen, bei denen es Ihnen leichter fällt.

Sagen Sie zum Abschluß: Mögen alle Wesen höchstes Glück erleben, das Glück der Befreiung und des Erwachens.

Übung: Neid als Weg zum »Mehr«

Denken Sie an eine Person, auf die Sie neidisch sind.

Fragen Sie sich: Was genau macht mich neidisch? Welche Eigenschaften, Fähigkeiten und Möglichkeiten?

Lassen Sie sich von dem Neid auf eigene Wünsche hinweisen: Was wünschen Sie sich? Was würden Sie gerne tun, sein oder haben? Welches Talent möchten Sie entfalten?

Was können Sie tun oder lassen, damit Ihre Wünsche sich erfüllen?

Denken Sie jetzt wieder an die Person, auf die Sie neidisch sind, und registrieren Sie jede auch noch so kleine Veränderung in Ihrer Haltung.

Unangenehme Gefühle und Abwehr

Leider gibt es nicht nur angenehme, sondern auch unangenehme Gefühle. Die wollen wir am liebsten gar nicht erleben, und wenn sie schon einmal da sind, wollen wir sie auf der Stelle loswerden, statt sie erst einmal anzunehmen als etwas, das zum Leben gehört wie die Feuchtigkeit zum Wasser und die Hitze zum Feuer. Wehren wir uns gegen sie, dann schaffen wir uns damit zusätzliches Leid.

Wenn wir uns zum Beispiel ärgern, weil eine Freundin zu spät zu einer Verabredung kommt, dann glauben wir, sie habe unseren Ärger verursacht. Manchmal löst dasselbe Verhalten aber gar keinen Ärger aus. Vielleicht genieße ich die Wartezeit sogar, wenn ich gerade ein spannendes Buch lese oder abgehetzt von der Arbeit komme. Oder ich habe mich längst darauf eingestellt, daß sie grundsätzlich eine Viertelstunde später kommt, und freue mich, wenn sie nach ihren Maßstäben pünktlich kommt.

Fehlt uns aber die Einsicht in das Zusammenspiel von Innen und Außen, dann verwechseln wir Anlaß und Ursache. Womöglich bauschen wir unseren Ärger auch noch auf: »Sie kommt nicht nur zu spät, sondern vernachlässigt mich überhaupt in letzter Zeit, und ihr neuer Freund ist ein völliger Mißgriff. Seit sie mit ihm zusammen ist, entwickelt sie reichlich komische Ansichten, und man kann nicht mehr richtig mit ihr reden.« So rechtfertigen wir unseren Ärger und lassen ihn anschwellen, indem wir uns auf die Schwächen der Freundin konzentrieren.

Abwehr äußert sich aber nicht unbedingt in Ärger auf die Menschen und Dinge, die unangenehme Gefühle auslösen. Manche Menschen – meist Frauen – ärgern sich eher über sich selbst. Wieder andere lenken sich ab, verdrängen die unangenehmen

Gefühle oder schneiden sich von ihnen ab. Doch lösen sie sich dadurch nicht auf. Sich gegen unangenehme Gefühle zu wehren verstärkt diese nur, was am Beispiel physischer Schmerzen leicht zu erkennen ist. Verdrängte Gefühle tauchen irgendwann wieder auf, meist verzerrt und eine Nummer größer. Und sie abzuschneiden, kann in Notfällen zwar helfen, die schwere Zeit zu überstehen. Machen wir das aber über längere Zeit, spüren wir am Ende gar nichts mehr und fühlen uns wie tot.

Wir müssen also akzeptieren, daß es Leiden gibt: körperliche und seelische Leiden, Unruhe und Einsamkeit, Langeweile und Unzufriedenheit. Viele sind unvermeidlich: Solange wir eigene Zähne haben, gibt es Zahnschmerzen, und wer eine Beziehung eingeht, wird sich irgendwann wieder trennen müssen und sei es durch Tod nach dreiundfünfzig glücklichen Ehejahren.

Acht Arten von Leiden beschrieb der Buddha in seiner Predigt von den »vier edlen Wahrheiten«: Geboren werden und altern. Krank werden und sterben. Verlieren, was wir lieben. Nicht bekommen, was wir wollen. Bekommen, was wir nicht wollen, und nie sicher sein vor Leid. Diese Erfahrungen gehören zum Leben dazu. Und sie tun weh. Wehren wir uns dagegen, dann leiden wir doppelt und dreifach. Erst, wenn wir uns dem Leiden geöffnet, wenn wir es in seiner ganzen Tiefe gespürt und angenommen haben, können wir versuchen, es zu überwinden.

Dabei kann es helfen zu verstehen, wie Leiden entsteht. Durch Unwissenheit und Begehren, sagte der Buddha. Gemeint ist eine bestimmte Art von Begehren: Wir wollen die Dinge anders haben, als sie sind. Wir wollen anders sein, als wir sind. Nie sind wir uns gut genug. Auch unsere Mitmenschen, die Gesellschaft, die Umstände, alles soll anders sein. Natürlich ohne, daß wir uns dafür anstrengen müßten. Gleich sofort sollen uns die gebratenen Tauben in den Mund fliegen. Doch das tun sie nie. Also leiden wir.

Wohlgemerkt, nicht der Wunsch nach Veränderung verursacht das Leid, sondern die Haltung, die dahintersteht, die Abwehr. Es geht aber auch anders. Dazu müssen wir zuerst unsere Situation und unsere Möglichkeiten realistisch einschätzen und annehmen, wie sie sind, um dann – ganz ohne Abwehr – eine Vision zu entwickeln, wie wir das Beste daraus machen können. Das weckt Energie und Tatkraft, Kreativität und Intelligenz. Und diese Vision anzunehmen bedeutet wiederum, sich auf den Weg zu machen. Und jeder Schritt ist gut, auch wenn er mühsam ist. Wenn wir straucheln, stehen wir wieder auf. Und aus Rückschritten lernen wir.

Die zweite und tiefere Ursache des Leidens ist der Glaube, überhaupt jemand zu sein, ein vom Rest der Welt abgetrenntes Wesen. Ein Irrglaube, sagen alle nicht-dualistischen Religionen, denn in Wirklichkeit sind wir verbunden mit allem, was ist. In tiefen Meditationserfahrungen unter kundiger Anleitung läßt sich das direkt erfahren. Nur unsere dualistische Sicht spaltet diese Eine Welt ständig auf in Ich und Du, in eine objektive Außen- und eine subjektive Innenwelt. Darum fühlen wir uns abgetrennt, einsam und als Opfer. Darum leiden wir. »Nur Nicht-Zweiheit ist Seligkeit«, heißt es. Doch leicht ist es nicht, die Unwissenheit und damit die tiefste Ursache für Leiden aufzulösen.

Mitgefühl

Wenn wir die unangenehmen Gefühle nicht völlig auflösen können durch die »Seligkeit der Nicht-Zweiheit«, so können wir sie doch zumindest mildern, indem wir nicht mit Abwehr, sondern mit Mitgefühl oder Gleichmut darauf reagieren.

Mitgefühl wird definiert als der tiefe Wunsch: Möge ich frei sein von Leiden. Großes Mitgefühl schließt alle Wesen ein: Mögen alle Wesen frei sein von Leiden.

Mitgefühl wird leicht mit Mitleid verwechselt, dem »nahen Feind«, der sich schnell in den »fernen Feind« verwandeln kann, in Abneigung, dem Gegenteil von Mitgefühl.

Wie geschieht das?

Mitleidige fürchten sich vor Schmerzen und Schwierigkeiten, akzeptieren sie nicht, lehnen sie ab. Darum verdrängen sie ihr eigenes Leid. Statt es zu erkennen und zu überwinden, bekämpfen sie das Leid im Außen. Sie glauben, wenn sie es nur richtig anpacken und sich genügend anstrengen, ließe es sich ganz abschaffen. Natürlich gelingt ihnen das nicht, weil ihr eigenes Leiden unerkannt und unerlöst bleibt, und ihr Anspruch – »Ich muß und kann alle retten« unerfüllbar ist. Früher oder später kollidiert ihr Größenwahn mit der Wirklichkeit und schlägt um in ohmächtige Wut, zum Beispiel auf Umstände und Personen, denen sie die Schuld am Leiden zuschieben, oder auf die Menschen, die sich nicht helfen lassen und ihre guten Ratschläge in den Wind schlagen. So entsteht zusätzliches Leid.

Mitleid vermehrt also das Leid, Mitgefühl verringert es. Geschehen kann dies aber nur, wenn wir das eigene Leiden nicht verdrängen, sondern annehmen in dem Wissen: Es gehört zum Leben und wird auch wieder vergehen. Diese Einsicht hilft, das Leiden nicht »hochzurechnen auf ewig«, indem wir uns beispielsweise während einer Krankheit schon nicht mehr vorstellen können, je wieder gesund zu werden, oder bei einer Trennung gleich denken, wir würden nie wieder eine glückliche Beziehung haben.

Das eigene Leiden muß aber nicht nur angenommen, sondern auch verarbeitet werden. Mitgefühl kann dabei helfen, wenn wir uns – wie in der Freude – mit anderen verbinden. Zum Beispiel können wir an alle denken, die jetzt auch Liebeskummer haben: »Möge ihr Kummer schwinden und ihre Liebe wachsen.« Oder: »Mögen alle, die sich jetzt auch alleine fühlen, lernen, sich mit anderen zu verbinden. Mögen sie Freundinnen und Freunde finden, lieben und geliebt werden.« Das öffnet das Herz und mildert das eigene Leiden, denn »geteiltes Leid ist halbes Leid.« Und es verschwindet ganz, wenn unbegrenztes Mitgefühl alle leidenden Wesen umfaßt: »Mögen alle Wesen aller Zeiten und Räume frei sein von allen Arten des Leidens.«

Haben wir unser Leiden angenommen, verarbeitet und daraus gelernt, können wir auch anderen beistehen. Möglich ist das aber nur in der Haltung echten Mitgefühls, welche wir an unserem allgemeinen Lebensgefühl ablesen können. Ausdruck von Mitgefühl sind Selbstvertrauen, Mut und Geduld, Offenheit und Klarheit. Hinweise auf Abwehr und (Selbst-)mitleid geben Wut und Erschöpfung, Ohnmacht und Lebensängste.

Wie können wir Mitleid durch Mitgefühl ersetzen? – Zuerst müssen wir beide Haltungen erkennen. Der Rest ist Übung.

So wird in allen tibetischen Schulen »Geben und Nehmen« (tib. Tonglen) geübt, um Mitgefühl zu entwickeln. (*) Wir beginnen bei uns selbst: Zuerst verbinden wir uns mit dem Teil von uns, der gesund und stark ist und mit Schwierigkeiten umgehen kann. Diesen muß es geben, sonst würden wir uns gar nicht erst zur Übung hinsetzen. Um wieder Zugang zu unserer heilen Seite zu bekommen, können wir uns an glückliche Momente erinnern oder an Probleme, die wir gemeistert haben. Mit dem Einatmen nimmt unser heiles Ich dem leidenden das Leiden ab, spürt es und läßt sich davon berühren, verwandelt es in Glück und schenkt dieses dem leidenden Ich mit dem Ausatmen. Gelingt uns die Verwandlung der Gefühle nicht auf Anhieb, können wir Licht oder ein schönes Bild visualisieren oder uns an glückliche Momente erinnern.

In einem zweiten Schritt üben wir »Geben und Nehmen« mit anderen: Mit dem Einatmen nehmen wir ihnen ihr Leiden ab und schenken ihnen mit dem Ausatmen alles Glück der Welt. Wer sich überwältigt fühlt von all dem eingeatmeten Leid, sollte die Aufmerksamkeit ganz von sich weg und auf die andere Person lenken und sich freuen, daß es ihr immer besser geht.

Sind wir sehr mutig, können wir in Gedanken allen fühlenden Wesen aller Universen ihre Leiden abnehmen und ihnen alles Glück der Welt wünschen. Dann müssen wir uns allem Leiden stellen, können keiner Spielart mehr ausweichen. Doch wir versinken nicht darin, weil wir beim nächsten Ausatmen gleich wieder auf Glück »umschalten«. So stärken wir auch unsere eigene Glücksfähigkeit.

Tut eine der folgenden Übungen das nicht – fühlen Sie sich also erschöpft oder traurig –, dann ist sie (noch) nicht geeignet für Sie. Dann können Sie ausprobieren, was Ihnen hilft, und damit üben.

Noch ein Wort über geschlechtsspezifische Unterschiede. Die traditionellen Empfehlungen wurden meist Männern gegeben. Diese haben in der Regel genug Mitgefühl mit sich selbst. Sie wissen, was sie wollen und wie sie es bekommen können. Oft fällt es ihnen aber schwer, sich in andere einzufühlen und auf deren Wünsche und Bedürfnisse zu achten. Darum wird in den buddhistischen Schriften so viel Wert auf »Mitgefühl für andere« gelegt.

Frauen haben dieses in der Regel gut entwickelt. Sie können sich in andere einfühlen und verbringen viel Zeit damit, die Bedürfnisse ihrer Lieben zu erfüllen und nach deren Vorstellungen zu leben. Oft verlieren sie dabei den Kontakt zu ihren eigenen Wünschen und Gefühlen, zu ihrem Wollen und ihren Visionen von einem guten Leben. Darum ist es meist ihre erste Aufgabe, diese Verbindung wieder herzustellen und Mitgefühl für sich selbst zu entwickeln.

Und nun zu den Übungen, bei denen wir uns und anderen Leid abnehmen und uns verbinden mit allen Wesen, die an demselben Problem leiden wie wir.

Übung: Nehmen und Geben

Wir denken an etwas, worunter wir selbst leiden.

Mit dem Einatmen nehmen wir uns das Leiden ab und mit dem Ausatmen schenken wir uns alles, was wir brauchen, um gut damit umzugehen.

Dann denken wir an ein Leiden, das uns vermutlich bevorsteht.

Mit dem Einatmen nehmen wir uns das Leiden ab und mit dem

Ausatmen schenken wir uns alles, was wir brauchen, um gut damit umzugehen.

Dann denken wir an unsere früheren Leiden.

Mit dem Einatmen nehmen wir uns das Leiden ab und mit dem Ausatmen schenken wir uns alles, was wir brauchen, um gut damit umzugehen.

Dann denken wir an eine uns nahestehende Person, die gerade sehr leidet.

Mit dem Einatmen nehmen wir ihr das Leiden ab und mit dem Ausatmen schenken wir ihr alles, was sie braucht, um gut damit umzugehen.

Wann immer wir Menschen sehen, die leiden, üben wir Nehmen und Geben: Mit dem Einatmen nehmen wir ihnen Leiden ab, und mit dem Ausatmen schenken wir ihnen alles, was sie brauchen, um gut damit umzugehen.

Übung: Mitgefühl

Wir denken an eine unangenehme Erfahrung der letzten Tage und fragen uns:

Was hat die unangenehmen Gefühle ausgelöst? Wie habe ich darauf reagiert? Was hat meine Reaktion bewirkt? Hat sich mein Leid verringert oder verstärkt?

Jetzt üben wir uns in Mitgefühl:

Möge ich frei sein von diesem Leid.

Mögen alle, die am gleichen Problem leiden, frei davon sein.

Mögen wir alle Mittel und Wege finden, unser Leiden zu verringern.

Mögen alle Wesen frei sein von allem Leid.

Übung: Mitgefühl als Weg

Wir denken an eine unangenehme Erfahrung der letzten Tage und versuchen, mit der vorigen Übung unser Herz zu öffnen und unser Leiden zu verringern. Wenn uns das nicht gelingt, können wir so fortfahren:

Wenn ich mein Leiden schon nicht loslassen kann, dann mögen wenigstens alle anderen frei davon sein. Möge ich ihr Leid erleben. Möge es auf mir reifen.

Zum Schluß beziehen wir uns selbst wieder in unsere guten Wünsche mit ein:

Mögen alle Wesen frei sein von Leiden und den Ursachen von Leid. Mögen wir keine Ursachen für Leid mehr schaffen.

Gleichmut

Wir haben gesehen: Unsere automatische Abwehr gegen unangenehme Gefühle schafft zusätzliches Leid. Mitgefühl – eine der vier heilsamen Haltungen – verringert es ebenso wie die vierte heilsame Haltung: Gleichmut.

Darunter verstehen wir einen Zustand inneren Friedens. Wir ruhen in unserer Mitte: hängen nicht am Gestern und sorgen uns nicht um den morgigen Tag, gieren nicht nach angenehmen Gefühlen und wehren unangenehme nicht ab, klammern uns nicht an unsere Liebsten und lehnen unangenehme Zeitgenossen nicht ab. Das Auf und Ab des Lebens, die Launen unserer Mitmenschen können uns nicht erschüttern, und doch bleiben wir einfühlsam und verbunden mit unseren Nächsten.

Wie können wir Gleichmut erlangen? – Durch tiefe Einsicht in die Ursachen von Glück und Leid und durch die Verwirklichung der drei anderen heilsamen Haltungen, denn wenn wir voller Liebe, Freude und Mitgefühl sind, kann uns so leicht nichts mehr erschüttern. Allerdings können sich die ersten drei Haltungen nur in einem einigermaßen ausgeglichenen Geist entfalten.

Außerdem kann Gleichmut durch die Übung der Sammlungsstufen erlangt werden. (*) Wer sich einer konzentrativen Meditation widmet, erreicht nach einiger Zeit die erste Stufe: körperliches Wohlbefinden. Daraus erwächst auf der zweiten Stufe Freude, die auch als Liebe erfahren werden kann. Diese stillt auf der dritten Stufe all unser Verlangen: Endlich haben wir, was wir immer wollten. Endlich können wir zufrieden sein. Allmählich können wir den Geist von Sinnesempfindungen und unruhigem Denken abziehen und erreichen die vierte Stufe: tiefe Ruhe. Für die Zeit der Übung gibt es keine Sorgen und Wünsche mehr, keine Hoffnungen und Befürchtungen. Nichts kann uns mehr erschüttern. Wir ruhen in Gleichmut.

In der Stufenfolge können wir auch die Voraussetzungen für Gleichmut erkennen: körperliches Wohlbefinden, Freude und Zufriedenheit. Das ist unmittelbar einsichtig, denn wie könnten wir gleichmütig sein, wenn wir uns unwohl fühlen, unser Herz verschlossen ist und uns tausend Wünsche plagen?

Auch Gleichmut hat einen »nahen Feind«, mit dem er leicht verwechselt wird: die Gleichgültigkeit, ein sich Abschotten aus Angst vor neuen Verletzungen nach einer schweren Enttäuschung. Unterschwellig glauben wir dann, die Welt sei uns noch etwas schuldig. Darum erwarten wir ständig Freundlichkeit, Offenheit und Rücksichtnahme und geben es nicht einmal zu. So werden wir wieder enttäuscht und immer unzufriedener. Irgendwann bricht die Fassade der Gleichgültigkeit zusammen, und Unrast und Unzufriedenheit treten offen zutage – das Gegenteil von Gleichmut und ihr »ferner Feind«.

Es gilt also, Gleichmut und Gleichgültigkeit voneinander zu unterscheiden, auf die entsprechenden Bedingungen zu achten und dann zu tun, was Gleichmut fördert.

Helfen können auch die folgenden Übungen. Durch sie erkennen wir, wie unsere Beziehungen sich mit der Zeit verändern und wie sehr sie von unseren Interessen und Bedürfnissen abhängen. Dadurch sollte sich mehr Verständnis für uns und andere entwickeln, so daß wir uns mehr mit anderen verbunden fühlen und gleichzeitig unabhängiger werden von ihrer Zuneigung.

Übung: Freund, Feind, Fremde

Denken Sie an drei Menschen: an eine Person, die Sie sehr mögen; an eine, die Sie kaum kennen und die Ihnen gleichgültig ist, und an eine, die Sie nicht mögen.

Schauen Sie sie nacheinander an und lassen Sie alle aufkommenden Gefühle zu.

Richten Sie die Aufmerksamkeit jetzt auf die Person, die Sie mögen. Haben Sie sie schon immer gern gehabt? Wie waren Ihre Gefühle, als Sie sie kennenlernten? Haben sie sich im Laufe der Zeit verändert?

Stellen Sie sich dann vor, daß diese Person aus Ihrem Leben verschwindet: Sie zieht in eine andere Stadt, läßt Sie plötzlich links liegen oder verleumdet Sie.

Wie wirkt sich das auf Ihre Zuneigung aus? Bleibt sie eine geliebte Person? Wird sie Ihnen verhaßt oder immer gleichgültiger?

Betrachten Sie nun die Person, die Ihnen gleichgültig ist. Stellen Sie sich vor, Sie lernen sie näher kennen und entdecken viele Gemeinsamkeiten. Sie vermittelt Ihnen einen Traumjob oder eine günstige Wohnung, ein bezahlbares Häuschen auf dem Land oder eine zuverlässige Autowerkstatt. Wie verändern sich Ihre Gefühle?

Betrachten Sie nun die Person, die Sie nicht mögen und spielen Sie in ähnlicher Weise mit Raum, Zeit und Umständen. Können Sie sich vorstellen, sie zu schätzen und sich mit ihr anzufreunden?

Schauen Sie alle drei Personen zum Schluß noch einmal an und registrieren Sie jede Veränderung in Ihrer Haltung.

Übung: Gleichmut

Wann immer wir in Sorgen und Hektik verfallen oder diese in unserer Umgebung beobachten, sagen wir:

Mögen alle Wesen in Gleichmut ruhen, ohne Anhaftung an angenehme und ohne Abneigung gegen unangenehme Gefühle, nicht nah den einen und fern den anderen.

Die heilsamen Haltungen einzunehmen ist oft gar nicht leicht. Besonders, wenn wir gefangen sind in negativen Mustern: Anhaften, Neid und Ärger, Urteilen sowie Überheblichkeit oder Minderwertigkeitsgefühle. Oft können wir sie nicht loslassen, sondern müssen ihnen unsere volle Aufmerksamkeit schenken. Dann können wir erstaunt feststellen: In ihrem Kern steckt eine Weisheit, die nur darauf wartet, erkannt und befreit zu werden. Wie, das erfahren Sie im nächsten Kapitel.

Schmerzhafte Emotionen umwandeln

Im Abschnitt »Den inneren Reichtum entdecken« habe ich die drei Aspekte der uns innewohnenden Buddha-Natur ausführlich besprochen. Offenheit: In jedem Moment ist alles offen, unvorhersehbar und mit Worten nicht hinlänglich zu beschreiben. Klarheit: In diesem offenen Raum erleben wir das schöpferische Spiel der Erscheinungen als nicht-duale Wirklichkeit. Feinfühligkeit: Ohne die Spaltung von Subjekt und Objekt, Innen- und Außenwelt fühlen wir uns verbunden mit den klaren Erscheinungen; so entsteht spontanes Mitgefühl, die Basis für jede echte und gute Beziehung zu uns selbst und anderen.

Der tibetischen Tradition zufolge kann sich Feinfühligkeit als fünf Arten von Gewahrsein äußern: Das spiegelgleiche und das unterscheidende Gewahrsein, das Gewahrsein der Gemeinsamkeiten, des klugen Handelns und der Wirklichkeit. Voll entfaltet werden sie zu den entsprechenden Weisheiten.

Oft werden die fünf Arten des Gewahrseins aber verzerrt zu den fünf aufgewühlten oder schmerzhaften Emotionen: Anhaften, Neid, Ärger, Urteilen und Überheblichkeit oder Minderwertigkeitsgefühle. Diese vergiften unsere Beziehungen und verursachen viel Leid. Trotzdem sind diese Reaktionen nicht nur unheilsam. Sie können uns auf das entsprechende Gewahrsein hinweisen, so daß wir sie zurückverwandeln können.

Zuerst einmal müssen wir allerdings durch Achtsamkeitsübungen (*) oder andere Formen der Selbstbeobachtung genügend innere Distanz und geistige Klarheit entwickeln, so daß wir erkennen: Diese emotionalen Muster sind keine »natürlichen« Reaktionen auf objektiv vorhandene äußere Bedingungen, sondern unsere eigenen Haltungen. Dann können wir dahinter die Aspekte von Buddha-Natur entdecken und befreien. (*)

Traditionell werden den fünf Arten von Buddha-Natur bestimmte Farben und Elemente zugeordnet. Die folgende Tabelle faßt diese Beziehungen zusammen. Wenn Sie gern mit farbigem Licht arbeiten, können Sie es bei den Übungen vor sich im Raum aufleuchten lassen. Stellen Sie sich vor, wie es Ihren ganzen Körper durchströmt und Ihre innere Weisheit weckt.

Emotion	Aspekt von Buddha-Natur	Farbe	Element
Urteilen	spiegelgleiches Gewahrsein	weiß	Wasser
Überheblichkeit	Gewahrsein der Gleichheit	gelb	Erde
Anhaften	unterscheidendes Gewahrsein	rot	Feuer
Neid	Gewahrsein des klugen Handelns	grün	Luft
Ärger	Gewahrsein der Wirklichkeit	blau	Raum

Urteilen und spiegelgleiches Gewahrsein

Als empfindungsfähige Lebewesen haben wir die wunderbare Fähigkeit, Wahrnehmungen und Informationen aufzunehmen. Wie ein Spiegel reflektieren wir Farben und Formen, Klänge, Gerüche und Geschmäcker, Gedanken und Gefühle. Vorausgesetzt, unser Spiegel ist nicht allzu verzerrt von Meinungen und Vorurteilen.

Urteile sind jedoch nicht unwichtig. Ohne sie könnten wir uns in der Welt kaum zurechtfinden und vernünftige Entscheidungen fällen. Wer zum Beispiel Blumen auch dann noch schön findet, nachdem eine Kuh sie verdaut hat, macht der Großtante leicht ein unpassendes Geburtstagsgeschenk.

Das Urteilen läßt sich kaum abstellen. Wir tun es ständig: Manche Menschen oder Landschaften finden wir schön, andere häßlich; manche Aussagen klug oder witzig, andere albern oder langweilig. Sind wir gerade müßig, käuen wir alte Urteile wieder oder nehmen künftige vorweg. In der Meditation steigen unablässig Gedanken und Gefühle auf, und unablässig bewerten wir sie.

Dabei übersehen wir leicht, wie stark unsere Urteile geprägt sind von unserer momentanen Stimmung und unserem allgemeinen Hintergrund. Sind wir zum Beispiel frisch verliebt, ist die Welt ein Paradies. Haben wir gerade unsere Arbeit verloren, erscheint alles grau in grau, auch wenn die Sonne lacht. Andere Urteile können in unserer Charakterstruktur begründet liegen oder in einer Weltsicht, mit der wir uns identifizieren; sie können auf blind übernommenen Vorurteilen beruhen oder auf Minderwertigkeitsgefühlen, durch die wir andere in einem schlechten Licht erscheinen lassen, damit wir selbst besser dastehen.

Verkennen wir unseren Beitrag zu unseren Urteilen, dann glauben wir leicht, die Welt sei so, wie wir sie sehen. Begegnen wir dann einem anderen Menschen mit einer ebenso festen, aber konträren Meinung, gibt es Streit. Möglicherweise suchen wir dann Parteigänger und Gesinnungsgenossen, die unsere Ansichten teilen. So können sich Streitigkeiten zu sozialen Konflikten und politischen oder kriegerischen Auseinandersetzungen auswachsen. Moderne Demokratien vertrauen auf das institutionalisierte Streitgespräch, in dem verschiedene Standpunkte geltend gemacht werden können. Am Ende wird abgestimmt, und die Mehrheit setzt sich durch.

Aber hat sie auch recht?

Niemand hat recht, heißt es in der buddhistischen Tradition. Wir können nicht wissen, wie die Welt wirklich ist. Wir wissen nur, wie wir sie wahrnehmen und daß unsere Wahrnehmung begrenzt ist und geprägt von unseren Stimmungen und unserem Hintergrund. Diesen zu erforschen erfordert allerdings einige Ausdauer und den Mut, sich auch unangenehmen Einsichten zu stellen. Durchschauen wir aber die Zusammenhänge, dann erkennen wir, wie begrenzt unser Standpunkt ist, so daß wir uns für andere Sichtweisen öffnen können.

Verwickeln wir uns ständig in Streitigkeiten und leiden unter unserer Neigung, uns und andere zu verurteilen, dann können wir uns erinnern: Dahinter steckt das spiegelgleiche Gewahrsein, denn um Urteile fällen zu können, müssen wir vorher Informationen aufgenommen haben. Besinnen wir uns also auf diese wunderbare Fähigkeit und nehmen noch mehr Informationen auf: über unsere Stimmung und unseren Hintergrund, über andere Menschen und ihre Sicht der Welt, über alles, was in und um uns her geschieht. Einfach nur wahrnehmen kann so viel Freude wecken. Es öffnet Herz und Geist, wir entspannen uns und sehen mehr.

Vielleicht werden wir die Neigung zu urteilen nie ganz ablegen können. Doch können wir ganz gut damit leben, wenn wir durch sie immer wieder zurückfinden zum spiegelgleichen Gewahrsein.

Übung: Spiegelgleich wahrnehmen

Denken Sie an eine Situation, in der Sie eine andere Person be- oder verurteilt haben.

Vor Ihnen im Raum auf der Höhe der Stirn leuchtet weißes Licht auf, durchströmt Sie und weckt Ihre innere Weisheit. Sie merken: Mein Spiegel ist verzerrt. Mein Urteil beruht auf Meinungen, Vorurteilen und begrenzten Ansichten. Es ist keine objektive Wahrheit.

Treten Sie innerlich einen Schritt zurück und atmen Sie ein paar

Mal tief durch. Entdecken Sie hinter Ihrem Urteilen das Gewahrsein des Spiegels. Öffnen Sie Herz und Geist für weitere Informationen: Aussehen, Bewegungen, Gesten, Stimme, Gesichtsausdruck, Kleidung, Worte, Umgebung und Wetter.

Ruhen Sie in Ihrer wunderbaren Fähigkeit, eine Fülle von Informationen aufzunehmen. Wenn Urteile und andere Gedanken aufsteigen, sagen Sie innerlich »Spiegel, Spiegel«, um die Aufmerksamkeit wieder auf das spiegelgleiche Gewahrsein zu lenken.

Überheblichkeit und Gewahrsein der Gleichheit

Ruhen wir in unserer Buddha-Natur, dann erkennen wir sie auch in anderen und wissen: Alle fühlenden Wesen haben Buddha-Natur und können zur höchsten Freude erwachen. Tatsächlich wollen alle Wesen glücklich sein. Darin sind wir alle gleich. Es gibt höchstens verschiedene Ansichten darüber, was glücklich macht. Doch durch das Gewahrsein der Gleichheit können wir Gemeinsamkeiten erkennen und uns mit anderen verbinden.

Gründet unser Selbstwertgefühl nicht in Buddha-Natur, dann suchen wir Bestätigung im Außen. Vielleicht halten wir uns für wertvoll, weil wir so klug oder fürsorglich sind, einen Porsche fahren, Professorin sind oder einen großen Freundeskreis haben.

Nun gibt es aber keine absoluten Maßstäbe für groß, gut oder klug. Wir müssen uns also ständig mit anderen vergleichen. Schneiden wir dabei gut ab, fühlen wir uns überlegen und erheben uns über andere; wir werden arrogant.

Leider wird das in den meisten Gesellschaften »belohnt« und mit echter Selbstsicherheit verwechselt. Darum läßt sich diese Haltung nur schwer überwinden. Man weiß dann ja auch alles besser, kann von niemandem lernen und läßt auch wohlmeinende Kritik an sich abprallen, was Selbsterkenntnis fast unmöglich macht. Darum gilt Überheblichkeit als das größte Hindernis auf dem Weg zum Erwachen, und man empfiehlt Menschen, die ständig auf andere herabschauen, an das zu denken, was sie nicht wissen, oder über die guten Eigenschaften der Heiligen und Erwachten zu meditieren.

Überheblichkeit verursacht noch weitere Probleme: Wir fühlen uns abhängig von äußeren Umständen, meist einem ganzen Geflecht äußerer Bedingungen, so daß schon kleinste Veränderungen uns schwer erschüttern können. Wir fühlen uns also zutiefst unsicher, weil wir das, was unseren vermeintlichen Wert ausmacht, jederzeit verlieren können. Außerdem gibt es immer Menschen, die uns noch übertreffen, oder solche, die ein anderes Wertesystem haben und zum Beispiel Porschefahrer für Umweltsünder und Professorinnen für verknöchert halten. An unserer Reaktion auf entsprechende Äußerungen – meist Ärger oder Wut – läßt sich die tieferliegende Unsicherheit erkennen. »Wer angibt, hat's nötig«, sagt der Volksmund. Darum gelten Arroganz und Minderwertigkeitsgefühle als zwei Seiten einer Medaille.

Diese kann sich auch von seiten der Minderwertigkeitsgefühle her drehen. Dann nämlich, wenn wir andere zwar für besser halten, sie aber sofort wieder herabsetzen. Wer klug ist, wird dann als besserwisserisch »erkannt«, wer einfühlsam ist, als unerträglich sentimental. So wendet sich das Minderwertigkeitsgefühl in Überheblichkeit.

Es äußert sich direkt, wenn wir bei unserem Vergleich mit anderen schlecht abschneiden und daraus ein negatives Selbstbild schaffen. Mit der Zeit trauen wir uns immer weniger zu und verlieren den Mut und die Kraft, unsere Fähigkeiten zu entfalten.

Trotzdem hängen viele Menschen an ihren negativen Selbstbildern. Es gibt ihnen ein Gefühl von Sicherheit zu denken: »Ich bin zwar dumm und ein Versager, aber ich war schon immer so.« Dann wissen sie wenigstens, was sie sind. Außerdem haben sie bisher ja damit leben können und sich vielleicht sogar ganz gut in ihrer Minderwertigkeit eingerichtet: Es ist bequemer, zu jammern und anderen die Schuld an der eigenen Misere zuzuschieben, als sich zu ändern und etwas Neues zu wagen.

Menschen mit Minderwertigkeitsgefühlen wird geraten, an ihre guten Eigenschaften zu denken, an das, was in ihrem Leben klappt, und an die vielen Möglichkeiten, die das menschliche Leben bietet. Ein stabiles Selbstwertgefühl bringt letztlich aber nur die Einsicht in Buddha-Natur.

Einen ihrer Aspekte können wir auch hinter der Überheblichkeit und den Minderwertigkeitsgefühlen erkennen, nämlich das oben erwähnte Gewahrsein der Gleichheit. Tatsächlich muß es beim Vergleichen etwas Gleiches geben. So kann man zwar Äpfel mit Birnen vergleichen – beides sind Früchte –, aber keine Frisur mit einem Bankkonto oder Englischkenntnisse mit einem gepflegten Blumengarten.

Wenn ich mich beispielsweise in einem Gespräch über- oder unterlegen fühle, kann ich zuerst einmal feststellen: Das Gefühl spiegelt meine Haltung und hat nichts mit objektiven Gegebenheiten zu tun. Und dann kann ich das Gemeinsame suchen. Das, was uns verbindet. Ist es die Begeisterung für das Thema, über das wir nur verschieden viel wissen? Sind es gemeinsame Fähigkeiten wie Intelligenz oder Eloquenz, über die wir beide – wenn auch nicht im selben Maß – verfügen? Oder verbindet uns das Gespräch als solches, das Bedürfnis nach Austausch und eine zugrundeliegende Sympathie? Finden wir nichts dergleichen, dann gibt es immer noch einen gemeinsamen Nenner: Alle Wesen wollen glücklich sein. So können wir uns von Überheblichkeit oder Minderwertigkeitsgefühlen zu dem Gewahrsein der Gleichheit und Verbindung führen lassen.

Übung: Verbindung spüren

Denken Sie an eine Situation in den letzten Tagen, in der Sie sich unter- oder überlegen gefühlt haben. Fragen Sie sich: Was genau hat diese Gefühle ausgelöst? Was war der Aufhänger: ein Verhalten, Gesten, Worte, Blicke, Dinge, Möglichkeiten und Chancen?

Vor Ihnen im Raum auf der Höhe der Stirn leuchtet gelbes Licht auf, durchströmt Sie und weckt Ihre innere Weisheit. Sie merken: Das Gewahrsein der Gleichheit funktioniert unzureichend. Meine Gefühle beruhen auf meiner Einstellung, nicht auf objektiven Tatsachen.

Treten Sie dann innerlich einen Schritt zurück und atmen Sie ein paar Mal tief durch.

Öffnen Sie Herz und Geist für das, was Sie verbindet.

Entdecken Sie das Gewahrsein der Gleichheit hinter dem Gefühl der Über- oder Unterlegenheit. Spüren Sie ihre Verbundenheit mit der anderen Person.

Ruhen Sie in der wunderbaren Fähigkeit, Gemeinsamkeiten entdecken und wertschätzen zu können. Wenn andere Gedanken aufsteigen, sagen Sie innerlich »gleich, gleich«, um die Aufmerksamkeit wieder auf das Gewahrsein der Gleichheit zu lenken.

Anhaften und unterscheidendes Gewahrsein

Ruhen wir in unserer Buddha-Natur, dann erleben wir alles als kostbar und einzigartig. Nichts ist langweilig und schon tausendmal dagewesen. Durch das unterscheidende Gewahrsein erkennen und schätzen wir das ewig Neue und Besondere an allen Menschen und Dingen.

Auch dieses Gewahrsein kann sich verzerren, nämlich zu Anhaften, also Habenwollen und Festhalten. Als zentrale Ursache von Leiden haben wir es schon mehrmals betrachtet. Vielleicht erinnern Sie sich: Wir glauben, irgendwer oder irgend etwas hätte die Macht, uns glücklich zu machen. Wir halten es für objektiv wertvoll, schön oder anziehend und übersehen ganz, was wir selbst an Stimmung und Hintergrund zu unserem Erleben beigetragen haben. Doch ist zum Beispiel ein Vortrag über Homöopathie nicht an sich interessant, sondern wir sind es, die sich dafür interessieren. Und die meisten Teenies dürften »unser« traumhaftes Meditationszentrum in den Bergen schlicht langweilig finden: »Nichts los, bloß Landschaft ohne Ende.«

Wenn wir unseren Beitrag übersehen, dann klammern wir uns an den Auslöser, und das schafft Leiden. Statt dessen können wir uns vom Anhaften zum unterscheidenden Gewahrsein führen lassen, denn wenn wir unbedingt etwas haben oder behalten wollen, dann haben wir es offensichtlich als kostbar und einzigartig erkannt. Wir haben Wert zugeschrieben. Diese Fähigkeit geht uns nicht verloren. Wir werden immer wieder Wert zuschreiben können, jederzeit. Mit dieser Einsicht werden wir unabhängiger von äußeren Dingen und können darauf vertrauen, daß wir immer wieder etwas Wertvolles finden oder schaffen können. Diese Fähigkeit haben wir gerade erst bewiesen. So können wir uns vom Anhaften zum unterscheidenden Gewahrsein führen lassen und darin ruhen.

Übung: Wert zuschreiben

Denken Sie an eine Begebenheit der letzten Woche, bei der Sie unbedingt etwas haben wollten: ein Ding, eine Begegnung oder bestimmte Umstände.

Vor Ihnen im Raum auf der Höhe der Stirn leuchtet rotes Licht auf, durchströmt Sie und weckt Ihre innere Weisheit. Sie merken: Das Gewahrsein der Unterscheidung funktioniert unzureichend. Sie erkennen Ihre Wünsche als eigene Einstellung. Es gibt keine »objektiv« wertvollen Dinge. Sie selbst haben den Menschen und Dingen Wert zugesprochen.

Treten Sie dann innerlich einen Schritt zurück und atmen Sie ein paar Mal tief durch. Entdecken Sie hinter Ihrem Habenwollen das unterscheidende Gewahrsein.

Ruhen Sie in der wunderbaren Fähigkeit, Wert zuschreiben und das Besondere erkennen zu können. Diese Fähigkeit gehört zu Ihnen. Sie werden immer wieder Menschen und Dinge als wertvoll erkennen und schätzen können.

Wenn erneut Begehren und andere Gedanken aufsteigen, sagen Sie innerlich »Wert zuschreiben« oder »einzigartig«, um die Aufmerksamkeit wieder auf das unterscheidende Gewahrsein zu lenken.

Neid und Gewahrsein des klugen Handelns

Fassen wir noch einmal kurz die bereits besprochenen Arten des Gewahrseins zusammen: Wie ein Spiegel nehmen wir viele Einzelheiten wahr und erkennen sowohl das Gemeinsame als auch das Besondere. Daraus erwächst die Fähigkeit, selbst die kompliziertesten Zusammenhänge zu erfassen und das Beste daraus zu machen. Dies wird das »Gewahrsein des klugen Handelns« genannt.

Ein simples Beispiel aus dem Alltag: Wir werfen einen kurzen Blick in die Küche – und schon wissen wir, daß es Zeit für den Abwasch ist. Ob wir auch entsprechend handeln oder lieber ausgehen, ist natürlich eine andere Frage.

Kluges Handeln zeigt sich aber vor allem in komplexen Zusammenhängen. Wenn wir uns zum Beispiel für oder gegen eine Wohnung, Arbeitsstelle oder Beziehung entscheiden sollen, müssen wir eine unübersehbare Fülle von Details berücksichtigen. Viele bleiben unbewußt. Wir können sie nur intuitiv erfassen und uns am Ende für das entscheiden, was sich »richtig anfühlt«. Rationale Gründe lassen sich für jede mögliche Entscheidung finden. Wichtiger ist die intuitive Einsicht in komplexe Zusammenhänge, das Gewahrsein des klugen Handelns.

Unklug handeln wir dagegen, wenn wir neidisch oder eifersüchtig sind: Durch Eifersucht lassen sich auch die gutmütigsten und treuesten Menschen vertreiben, und Neid auf attraktive, erfolgreiche oder gesunde Menschen nimmt uns die Energie, unsere mißliche Lage zu ändern.

Wollen wir Neid und Eifersucht überwinden, können wir das durch die ersten drei Arten des Gewahrseins erreichen: Wenn wir offen und entspannt wahrnehmen, Verbindung spüren und unsere Minderwertigkeitsgefühle abgebaut haben, verschwinden Neid und Eifersucht von selbst.

Wir können uns aber auch direkt zu dem zugrundeliegenden Gewahrsein führen lassen. Wieder müssen wir zuerst die verzerrte Weisheit – diesmal Neid und Eifersucht – als eigene Einstellung erkennen, um dann dahinter das Gewahrsein des klugen Handelns zu entdecken.

Tatsächlich bündelt kaum ein Zustand unsere Aufmerksamkeit so sehr wie Eifersucht und Neid. Mit scharfen Augen verfolgen wir Worte und Blicke, Gesten und Verhalten der beneideten Menschen. Wir wollen alles wissen über ihren Besitz, ihre Möglichkeiten und Fähigkeiten. Sind wir eifersüchtig, dann beobachten wir haarscharf: Wer spricht mit wem, wie lange und worüber? Wer lädt wen ein und wohin? Oder wir fahnden wie ein Meisterdetektiv oder eine Meisterdetektivin nach Indizien für einen Seitensprung: eine andere Stimmung oder Frisur, neue Wäsche oder Gewohnheiten, lange Sitzungen oder Geschäftsreisen, verdächtige Haare, Briefe oder Telefonnummern.

Wir haben also eine Fülle von Einzelheiten wahrgenommen und aufeinander bezogen – die Basis für kluges Handeln. Ruhen wir nun in der wunderbaren Fähigkeit, komplexe Zusammenhänge zu erfassen, um dann das Beste daraus zu machen.

Übung: Zusammenhänge erfassen

Denken Sie an eine Begebenheit der letzten Woche, bei der Sie neidisch waren auf eine andere Person, auf ihre Eigenschaften, Fähigkeiten oder Möglichkeiten.

Vor Ihnen im Raum auf der Höhe der Stirn leuchtet grünes Licht auf, durchströmt Sie und weckt Ihre innere Weisheit. Sie merken: Das Gewahrsein des klugen Handelns funktioniert unzureichend. Sie erkennen Ihren Neid als eigene Einstellung.

Treten Sie dann innerlich einen Schritt zurück und atmen Sie ein paar Mal tief durch. Entdecken Sie hinter Ihrem Neid das Gewahrsein des klugen Handelns. Sie haben eine Fülle von Details beobachtet und aufeinander bezogen und können nun das Beste daraus machen.

Ruhen Sie in der wunderbaren Fähigkeit, Zusammenhänge intuitiv zu erfassen und entsprechend zu handeln.

Wenn erneut Neid aufsteigt, sagen Sie innerlich »Zusammenhänge« oder »Geschick im Handeln«, um die Aufmerksamkeit wieder auf das Gewahrsein des klugen Handelns zu lenken.

Ärger und Gewahrsein der Wirklichkeit

Durch das Gewahrsein der Wirklichkeit erkennen wir die absolute und die relative Ebene.

Die absolute Ebene der Wirklichkeit, das ist der klare, offene Raum, in dem alles geschieht. Hier gibt es keinen festen Bezugspunkt, das heißt, wir erkennen alle Standpunkte als relativ. Sie entstehen, wenn geeignete Bedingungen zusammenkommen, und verändern sich mit den Bedingungen. Alles ändert sich fortwährend. Unendlich viele Faktoren wirken zusammen, und niemand hat das Ganze im Griff.

Menschen, die nur die absolute Ebene sehen, verachten manchmal »die Welt« und beharren darauf, daß es »weder gut noch böse« gibt.

Tatsächlich sind alle moralischen Maßstäbe zeit- und kulturabhängig, also nicht absolut, wie es in einem offenen Raum ja auch kein absolutes Oben oder Unten gibt. Wählen wir aber einen bestimmten Standort – zum Beispiel »mit beiden Beinen fest auf der Erde« – , dann sind oben und unten genau definiert. Damit befinden wir uns auf der relativen Ebene: Wir leben in Zeit und Raum und im Kontext von Beziehungen und Beruf, Eigenschaften und Fähigkeiten, Kultur und persönlicher Geschichte. Wir sind Frau oder Mann, schwarz oder weiß, reich oder arm, Teenie oder Rentnerin, Dörfler oder Großstädter, Afrikanerin oder Europäerin, Bauer oder Akademiker; wir sehen so-und-so aus, wohnen da-und-da und haben diese oder jene Religion, auch wenn wir nur den Mammon anbeten oder Das-was-ich-sehen-und-anfassen-kann. Auf dieser Ebene gibt es richtig und falsch, gut und böse, Vorteile und Nachteile, Stärken und Schwächen, und wir müssen Standpunkte beziehen.

Vergessen wir aber, daß diese relativ sind, verwickeln wir uns leicht in Streitigkeiten. Oder wir versteifen uns darauf, daß die Dinge so sein sollen, wie wir sie gerne hätten. Sind sie aber einmal anders – und das sind oder werden sie immer –, dann werden wir wütend oder depressiv, oder wir verdrängen die unangenehmen Gefühle.

In den buddhistischen Lehren wird vor allem die wütende oder ärgerliche Abwehrreaktion betrachtet und vor den unheilsamen Folgen gewarnt: Gewalt, Vergeltung, Krieg, Zerstörung und unermeßliches Leid. Nun richteten sich die Lehren in Asien aber fast ausschließlich an Männer in Feudalgesellschaften, oft rauhe Gesellen wie die Nachfahren des Dschingis Khan in der Mongolei und in Tibet. Ihre Haupt-Abwehrreaktion war denn auch die Wut, während Menschen im Westen – vor allem Frauen – diese oft nicht einmal spüren können. Viele wollen immer nett und brav sein und schlucken ihre Wut hinunter, bis sie als Depression wieder hochkommt. Sind wir dagegen wütend, fühlen wir uns lebendig und stark, was manchmal aus einer verfahrenen Situation heraushelfen kann. Allerdings wird das Leben etwas ungemütlich, wenn wir immer wütend werden müssen, um uns lebendig fühlen zu können.

Wie können wir klüger mit unseren Abwehrreaktionen umgehen? Zuerst einmal müssen wir sie spüren. Nicht unbedingt ausagieren, aber spüren, und zwar körperlich, emotional und geistig. Dabei können Achtsamkeitsübungen helfen. (*)

Spüren wir die Wut, dann müssen wir sie als innere Haltung erkennen: Nicht »die Welt« ist schrecklich und ungerecht, sondern »ich ärgere mich«. Wie bei der Freude sieht die Sprache auch hier wieder ein reflexives Verb vor: Ich ärgere *mich*. Wir selbst schaffen also unseren Ärger, indem wir Probleme »auf ewig hochrechnen« oder uns nur auf die Nachteile einer Sache konzentrieren. Dies tun zum Beispiel Lehrerinnen, wenn sie klagen: »Die Kinder sind so anstrengend, die Klassen viel zu voll; das Kollegium ist angepaßt und der Schuldirektor furchtbar arrogant.« Ihnen kann es helfen, an die Vorteile ihrer Situation zu denken: an das feste Gehalt und die Pension, die Ferien und daß sie sich einen Teil der Arbeitszeit frei einteilen können.

Wenn wir uns ärgern, dann erkennen wir einen Teil der Wirklichkeit sehr klar, nämlich das Negative auf der relativen Ebene. Mit derselben Klarheit können wir uns nun die Vorteile ansehen. Das mindert den Ärger. Und er verfliegt, wenn wir den Blick auch auf die absolute Ebene richten, darauf, daß sich fortwährend alles ändert, auch ohne unser Zutun. So können Ärger und Wut uns zum Gewahrsein der Wirklichkeit führen.

Übung: Die Wirklichkeit erkennen

Denken Sie an eine Begebenheit der letzten Woche, bei der Sie sich geärgert haben: über Menschen, Dinge oder bestimmte Umstände.

Vor Ihnen im Raum auf der Höhe der Stirn leuchtet blaues Licht auf, durchströmt Sie und weckt Ihre innere Weisheit. Sie merken: Das Gewahrsein der Wirklichkeit funktioniert unzureichend. Sie erkennen Ihren Ärger als eigene Einstellung. Es gibt keine »objektiv« schlechten oder negativen Dinge, Menschen und Umstände. Was Ihnen widerfährt, ist ein Spiegel Ihrer Stimmung und Ihres Hintergrundes.

Treten Sie dann innerlich einen Schritt zurück und atmen Sie ein paar Mal tief durch. Entdecken Sie hinter ihrem Ärger das Gewahrsein der Wirklichkeit. Auf der relativen Ebene haben Sie gesehen, daß etwas nicht funktioniert. Nun richten Sie die Aufmerksamkeit auf das, was funktioniert, und auf die absolute Ebene, auf der Sie wissen: Alles ist veränderlich und veränderbar. Keine

Situation ist jemals festgefahren, auch wenn sie noch so schwierig erscheint.

Ruhen Sie in der wunderbaren Fähigkeit, beide Ebenen der Wirklichkeit zu erkennen, in dem tiefen Wissen: Alles ist, wie es ist. Es gibt Vorteile und Nachteile, und alles ändert sich fortwährend. Ich bin, wie ich bin. Ich habe Stärken und Schwächen und kann wachsen und mich entwickeln.

Wenn erneut Ärger und andere Gedanken aufsteigen, sagen Sie innerlich »Alles ist, wie es ist« oder »Offenheit«, um die Aufmerksamkeit wieder auf das Gewahrsein der Wirklichkeit zu lenken.

Nachdem wir gesehen haben, wie wir heilsame Haltungen einnehmen und verborgene Weisheiten entdecken können, kommen wir zu der Frage: Wie können wir das in Worte und Taten umsetzen und in unsere Beziehungen einbringen? Sollen wir uns an bestimmte Regeln halten oder lieber »aus dem Bauch heraus« handeln? Davon handelt das nächste Kapitel.

Ethisch handeln

Wie wir gesehen haben, machen die vier heilsamen Haltungen uns und andere glücklicher. Konkret drücken sie sich in ethischem Verhalten aus: Liebe ich einen Menschen, dann bestehle ich ihn nicht. Habe ich Mitgefühl, dann schlage ich ihm nicht den Schädel ein.

Umgekehrt kann ethisches Verhalten auch zu den heilsamen Haltungen führen: Gebe ich großzügig, freue ich mich mit der beschenkten Person. Beende ich einen Streit, werde ich gleichmütiger.

Doch was genau ist ethisches Verhalten? (*)

Nach den buddhistischen Lehren folgt es der Maxime: Glück mehren – Leid mindern. Oder ausführlicher: Unheilsame Handlungen werden vermieden, denn sie führen zu Leiden und unangenehmen Gefühlen; heilsame Handlungen werden geübt, denn sie bringen allen Beteiligten mehr Glück und angenehme Gefühle. »Handlungen« bezieht sich hierbei sowohl auf Taten, Worte und Gedanken als auch auf die zugrundeliegenden Motive. Als Leiden schaffend gelten Gier, Abneigung oder Verwirrung. Ob Motive oder Handlungen heilsam waren oder nicht, läßt sich an den Folgen ablesen, an den entstehenden angenehmen oder unangenehmen Gefühlen. Den Karma-Lehren zufolge können wir sogar von unserem aktuellen Befinden auf frühere Handlungen – oft auch in früheren Leben – schließen.

Doch das ist kein Grund, sich in Schuldgefühlen zu suhlen oder sich als Opfer von »schlechtem« Karma zu fühlen, endlos über Zusammenhänge zu brüten oder unbedingt etwas über frühere Leben herausfinden zu wollen. Das Heute sagt genug über das Gestern, und das Morgen folgt dem, was wir aus dem Heute machen. Wir selbst sind also verantwortlich für unser Schicksal. Genauer: für unsere Reaktionen, die entweder Glück oder Leiden schaffen. Menschen und äußere Umstände können immer nur die Auslöser sein. Es bleibt uns aber unbenommen, Auslöser für Einsicht, Offenheit und Freude zu suchen und die anderen zu meiden, und wir können immer versuchen, die besten Seiten aller Beteiligten zum Vorschein kommen zu lassen. »Help each other grow, helft euch wachsen« sei Sinn und Zweck von Beziehungen, sagte Lama Yeshe einmal.

Fünf ethische Richtlinien

Einer allgemeinen Maxime zu folgen ist eine Sache. Bestimmte Regeln einzuhalten, aber eine ganz andere und in unserer Gesellschaft nicht sehr beliebt. Vielen stoßen da Moses' zehn Gebote auf oder ein moralinsaures Elternhaus. Sie denken an sauertöpfische Moralapostel und verkniffene Spielverderber. Ethische Regeln sind spießig, heißt es dann. Sie fesseln und knebeln uns. Frei wollen wir sein.

Tatsächlich können Regeln unerträglich einengen. Sie können aber auch befreien, nämlich von Verhaltensweisen, die uns und anderen nur Kummer machen. Zum Beispiel wissen wir oft ganz genau, daß eine bestimmte Beziehung uns unglücklich macht. Und doch können wir nicht davon lassen. Gesunde Grundsätze sind da mitunter sehr hilfreich.

Bestimmte Regeln können blind machen für den eigenen Schatten, wenn »nicht sein kann, was nicht sein darf«. Sie können aber auch zur Selbsterkenntnis führen, wenn wir durch sie mehr auf unser Verhalten achten. Zum Beispiel würden wir ohne den festen Vorsatz, nicht mehr zu lügen, vielleicht niemals merken, wie oft wir heucheln oder aus Feigheit schwindeln. Und ohne die

Absage an jede Form von Gewalt würden wir vielleicht nie erkennen, wie oft wir andere unter Druck setzen. Besonders Frauen kann diese Regel auch die Augen dafür öffnen, wie oft sie sich selbst Gewalt antun oder antun lassen und wie selten sie liebevoll mit sich umgehen. Durch bestimmte Regeln achten wir also mehr auf unser Verhalten und seine Wirkungen, auf Motive und Einstellungen und wie diese unsere Erfahrungen prägen. So entstehen Klarheit und innere Distanz, die Basis für Selbsterkenntnis und gute Beziehungen.

Welche Regeln gibt es nun im Buddhismus? Meist wird empfohlen, fünf schädliche Handlungen zu meiden und fünf heilsame zu üben:

Nicht töten, sondern Leben schützen.

Nicht stehlen, sondern von Herzen geben.

Nicht lügen, sondern die Wahrheit sagen.

Niemanden verletzen durch sexuelles Begehren und Verhalten, sondern bestehende Beziehungen achten.

Den Geist nicht durch Drogen und Alkohol trüben, sondern durch Meditation klären.

Das sind keine ehernen Gesetze, die sklavisch befolgt werden müssen, sondern Orientierungshilfen, Übungsfelder, auf denen wir experimentieren können. So verstanden, erleichtern sie das Zusammenleben und helfen uns, liebevoller mit uns und anderen umzugehen, wacher zu werden und uns selbst besser kennenzulernen. Vorausgesetzt, wir finden die Regeln sinnvoll, wollen wirklich nach ihnen leben und hüten uns vor den drei Fallen auf dem Weg der Ethik. Zum Beispiel sollten die Regeln freiwillig und aus Einsicht gehalten werden und nicht etwa aus Angst, sei es vor einer Autoritätsperson, der Hölle oder schlechtem Karma. Allerdings gilt im Buddhismus die Angst vor künftigem Leiden als akzeptables Motiv. Ferner sollten wir nicht überheblich werden, wenn es uns gelingt, ein einigermaßen spirituelles Leben zu führen. Wenn wir uns also ständig dabei ertappen, daß wir uns über die »unspirituelle« Welt echauffieren, sollten unsere Warnlampen blinken. Dann blasen wir uns nämlich auf mit unserer ethischen Praxis und grenzen uns gegen andere ab. Das schafft unnötiges Leiden. Und drittens sollte das Befolgen der Regeln nicht in einen ungesunden Perfektionismus ausarten. Besonders Menschen mit geringem Selbstwertgefühl können sich oft nur dann akzeptieren, wenn sie ein ganz hohes Ideal erfüllen. Sie verstehen die Regeln dann als Vorschriften, die sie hundertprozentig einhalten wollen. Da ist Scheitern vorprogrammiert und damit ein Grund, die Übung schnell wieder aufzugeben. Wir sollten wissen: Nur Buddhas können immer heilsam handeln. Wir können ihrem Vorbild nur nach besten Kräften nacheifern.

Dazu eine Geschichte aus meinem Leben: Nach acht Jahren intensiver Übung entschloß ich mich Mitte der achtziger Jahre, Nonne in der tibetischen Tradition zu werden. Genau genommen wurde ich Novizin und orientierte mich an 36 ethischen Regeln. Im Kern sind das die oben genannten fünf Richtlinien, die präzisiert und erweitert wurden. Neu hinzu kamen: zölibatär zu leben, keinen Schmuck zu tragen und nicht mit weltlicher Gesinnung Musik zu hören und zu machen.

Ein Jahr lang meditierte und übte ich sehr intensiv in einem süddeutschen Zentrum, wo ich mit fünf, sechs weiteren Übenden lebte. Danach ließ die heilsame Wirkung der Gelübde auf mich und andere spürbar nach. Ich empfand mein Leben als Nonne immer mehr als Einengung. Insgeheim wollte ich gern einmal wieder richtig ausschlafen, Musik hören und Gitarre spielen, abends ausgehen oder ein gemütliches Schwätzchen auf der Terrasse halten. Darum störte es mich, wenn die anderen das machten. Obwohl ich von Naturell und Erziehung her eher freundlich und umgänglich bin, wurde ich nun manchmal richtig unleidlich: Ich kritisierte die anderen und wurde immer strenger und engstirniger. Darum gab ich ein Jahr später meine »Roben« und damit die Gelübde an einen Lama meines Vertrauens zurück.

Ich bin froh, meiner Sehnsucht nach Askese und intensiver

Übung nachgegangen zu sein. Genauso froh bin ich, diesen Weg wieder verlassen zu haben, als er eher meine negativen Seiten förderte. Fünf ethische Regeln reichen mir. Sie fördern meine Wachheit, ohne daß ich mich eingeengt fühle. Jede Person muß für sich selbst herausfinden, wieviele Regeln und wieviel Freiraum sie braucht, um aufzuwachen. (*)

Gewaltlosigkeit

Die erste Regel empfiehlt, nicht zu töten, weil alle Lebewesen am Leben hängen. Statt dessen wollen wir Mittel und Wege finden, das Leben von Menschen und Tieren zu schützen.

Allerdings läßt sich das Töten von Tieren – also auch Kleinstlebewesen – oft nur mit viel Phantasie und Kreativität vermeiden. In Indien, wo das Prinzip der Gewaltlosigkeit noch verpflichtend wirkt, erfand man beispielsweise Moskitospiralen, die die Mükken nur vertreiben. Sie töten sie nicht wie die in China hergestellten. Wollten wir Töten jedoch ganz vermeiden, dürften wir weder spazierengehen, noch Auto fahren oder Gemüse anbauen.

Wir können die Regel auf jede Form von Gewalt ausdehnen, zum Beispiel auch darauf, andere durch Drohungen, »Knöpfedrücken«, Überreden oder das Verdrehen von Tatsachen dazu zu bringen, das zu tun, was wir wollen. Andererseits gestatten wir auch niemandem, uns unter Druck zu setzen oder Gewalt gegen uns anzuwenden.

Statt dessen fördern wir eine Atmosphäre, in der alle Wesen wachsen und sich entwickeln können, eine Atmosphäre von Achtung, Schutz und Heilung. Dies wird uns ganz natürlich erscheinen, wenn wir die grundsätzliche Verbundenheit von allen mit allen spüren.

In den folgenden Übungen betrachten wir unsere Erfahrungen mit Gewalt und Konflikten.

Übung: Erfahrungen mit Gewalt

Wir können uns fragen: Was verstehe ich unter Gewalt? Wo habe ich in Beziehungen Gewalt erlebt? Wie und wo erlebe ich mich selbst als gewalttätig? In welchen Situationen habe ich Gewalt ausgeübt oder zugelassen? Warum? Aus Wut oder Ohnmacht? Aus Angst vor Zurückweisung und Liebesentzug? Aus Gewohnheit und Anpassung? Was kann ich tun oder lassen, um meine besten Seiten und die der anderen zu fördern?

Übung: Konflikte und Wachstum

Denken Sie an eine schwierige Beziehung, an die letzte Begegnung, den letzten Streit.

Fragen Sie sich: Womit setze ich die andere Person unter Druck? Wie reagiert sie darauf? Aggressiv oder defensiv? Mit Angriff oder Rückzug? Trägt sie mir den Konflikt nach? Wie lösen sich Konflikte wieder auf?

Fragen Sie weiter: Womit lasse ich mich unter Druck setzen? Wie reagiere ich auf Druck? Bin ich nachtragend?

Lassen Sie den Satz auf sich wirken: Helft euch zu wachsen! Help each other grow!

Wie können Sie das umsetzen?

Großzügigkeit

Im engeren Sinne bedeutet nicht stehlen, anderen nichts wegzunehmen und niemanden zu betrügen oder zu übervorteilen. Im weiteren Sinne bedeutet es, nur das zu nehmen, was uns freiwillig und gern gegeben wird. Wir schwatzen anderen also nichts ab, drängen sie nicht, gegen ihren Willen zu geben und »vergessen« auch nicht, Geliehenes zurückzugeben. Statt dessen geben wir großzügig.

Eigentlich macht es immer Freude, unseren Lieben etwas zu

schenken: Materielle Dinge, Trost, Schutz und Unterstützung und – falls erwünscht – geistige Lehren als Hilfe zur Selbsthilfe. Für all diese Gaben gilt: Erwarten wir Dank und / oder Gegengaben, dann wollten wir bloß Handel treiben; wir haben nicht wirklich geschenkt.

Großzügigkeit läßt sich aber lernen. Die Tibeter empfehlen Geizkragen, etwas für sie Wertvolles in die rechte Hand zu nehmen und es der linken zu »schenken«, und zwar so lange, bis das Geben in Fleisch und Blut übergegangen ist. Dann üben sie sich darin, Menschen, die sie mögen, kleine Dinge zu schenken. Allmählich fällt es immer leichter zu geben, was nötig ist, und zwar den Menschen, die es brauchen. Das erfreut auch uns. Stellen Sie sich vor, ein Gast bewundert Ihre neue Vase oder blättert fasziniert in einem Buch. Wie Krösus werden Sie sich fühlen, wenn Sie dann sagen können: »Nimm's mit; ich schenk's dir gern.«

Großzügigkeit ist also nicht nur eine ethische Handlung, sondern auch ein direkter Weg zu innerem Reichtum. Andererseits können wir nur von Herzen geben, wenn wir ein Gefühl für unseren inneren Reichtum entwickelt haben, zum Beispiel durch gute Beziehungen, Arbeit, die uns Freude macht, und die Entwicklung von Selbstwert und Würde.

Mit der folgenden Übung können Sie Ihre Schenkgewohnheiten durchleuchten und Großzügigkeit entwickeln.

Übung: Geben können

Fragen Sie sich: Wann, wem und wo gebe ich gerne? Unter welchen Bedingungen fällt mir Geben schwer? Wie gehen die Menschen in meinem Umfeld mit Besitz, Zeit, Erfahrung und Wissen um? Teilen sie gerne, nur in Notfällen oder nur mit bestimmten Menschen?

Stellen Sie sich vor, Sie schenken einer bestimmten Person etwas, vielleicht eine besondere CD, ein Essen oder eine Stunde aufmerksamen Zuhörens.

Welche Gefühle löst das in Ihnen aus?

Wie gesagt, können wir nicht wirklich großzügig sein ohne ein Gefühl von Selbstwert und Würde. Haben wir dieses entwickelt, dann können wir auch annehmen, so daß Geben und Nehmen ausgeglichen sind.

Allerdings läßt vieles sich nicht gegeneinander aufrechnen. Manche Menschen machen gern Geschenke und sind hilfsbereit und zuverlässig, können aber kaum Nähe geben oder ertragen. Andere können wunderbar zuhören und Geborgenheit vermitteln, haben aber zwei linke Hände oder sind unpünktlich und flatterhaft. Manche Gaben werden nicht einmal als solche erkannt. Hier kann ein Blick auf die Eltern und Geschwister unserer Lieben hilfreich sein. Doch was wiegt denn nun wieviel? Meist halten wir für das Wichtigste, was wir selber geben oder uns wünschen. Darum heißt es manchmal: Beziehungen sind dann ausgeglichen, wenn beide Seiten das Gefühl haben, sie würden zwei Drittel dazu beisteuern. Das bedeutet aber nicht, daß jede Beziehung immer ausgeglichen sein müßte. Über »die ideale Beziehung« läßt sich nur eines sagen: Es gibt sie nicht. Doch können wir durch leidenschaftsloses Beobachten von Geben und Nehmen etwas über unsere Muster herausfinden und über unsere Einstellungen und deren Auswirkungen. Das schafft innere Distanz und Raum für Veränderungen.

Mit einer in Japan entwickelten Methode der Selbsterkenntnis – Naikan oder Innenschau – können wir sehr wirkungsvoll an unseren Beziehungen arbeiten. (*) Im Rahmen eines meist einwöchigen Intensivkurses geht man alle wesentlichen Beziehungen durch und stellt sich dabei drei Fragen: 1. Was habe ich dir gegeben, bzw. Gutes erwiesen? 2. Was habe ich von dir bekommen? Was hast du mir Gutes erwiesen? 3. Welche Schwierigkeiten habe ich bereitet? Die vierte Frage – Was hast du mir angetan? – wird ausgelassen. Wir haben sie sehr oft gestellt, und das hat uns offenbar nicht glücklicher gemacht. Naikan-Übende berichten von tiefen Einsichten, die durch die Arbeit mit diesen Fragen ausgelöst werden.

In der folgenden Übung können Sie eine Beziehung auf das Gleichgewicht von Geben und Nehmen überprüfen.

Übung: Ausgewogene Beziehungen

Denken Sie an eine Person, die Sie lieben oder geliebt haben.

Fragen Sie sich: Was bekomme ich in dieser Beziehung, und was gebe ich? Wer sorgt für die finanzielle Sicherheit? Wer bezahlt in erster Linie Wohnung, Essen, Auto und Urlaub? Wer bezahlt im Alltag und wer bei besonderen Gelegenheiten? Wer sorgt für emotionale Wärme? Wer gibt vor allem Zuwendung, Geborgenheit und Stabilität? Wer kümmert sich um Besuche und soziale Kontakte? Wer »gibt« Inspiration und Sinn und spricht die tieferen Fragen des Lebens an?

Was gebe ich, und was bekomme ich?

Bin ich zufrieden mit der Situation? Welche Veränderungen wünsche ich mir? Was kann ich tun oder lassen, um diese in Gang zu bringen?

Reden macht einen so wichtigen Teil des Beziehungslebens aus, daß wir der dritten Regel – »Nicht Lügen« oder im weiteren Sinne »rechte Rede« – das ganze nächste Kapitel gewidmet haben.

Sexualität und Liebe

Die allgemeine Empfehlung zum Thema intime Beziehungen lautet: »Vermeide unheilsame Sexualität und verhalte dich heilsam.«

»Unheilsam« – das klingt nach »heillosem« Durcheinander mit »unheilvollen« Folgen. Gemeint sind – wie bei allen ethischen Regeln – Einstellungen und Handlungen, die den Beteiligten schaden, ihnen Leid zufügen. Dies erkennen wir, wenn wir unsere Absichten überprüfen und die Folgen unseres Handelns beobachten.

Als unheilsame Sexualität gelten traditionell Ehebruch und sexuelle Gewalt sowie Sexualität mit Kindern oder Personen, die dem eigenen Schutz unterstehen. Das bringt meist allen Beteiligten mehr Leid. Heutzutage würde man es vielleicht so formulieren: Wir wenden keine Gewalt an und respektieren feste Bindungen, ob mit oder ohne Trauschein, sowie alle Verpflichtungen, die wir oder andere eingegangen sind, auch die Verpflichtung zum Zölibat. Außerdem gehen wir keine sexuellen Beziehungen mit Kindern oder »Abhängigen« ein, also mit KlientInnen, PatientInnen und SchülerInnen.

Natürlich leiden wir auch, wenn wir sexuelle Begierden nicht ausleben können. Doch fast immer entsteht zum Beispiel durch einen Seitensprung oder Ehebruch noch mehr Leid. Es kann aber Ausnahmen geben. In seinen Gesprächen mit westlichen Schülerinnen und Schülern erklärte Lama Yeshe Seitensprünge für unproblematisch, wenn alle Beteiligten einverstanden sind. Die Zustimmung sollte aber freiwillig gegeben werden, nicht als Antwort auf eine Erpressung: »Entweder du bist einverstanden, oder ich verlasse dich.« Auch nicht aus einem Minderwertigkeitsgefühl heraus: »Ich habe eben nichts Besseres verdient.« Außerdem werden Menschen in Dreiecksverhältnissen oft gegeneinander ausgespielt mit der Drohung, sonst zu der oder dem anderen zu gehen. Wer aber aus vollem Herzen gönnen kann, nicht anhaftet und keine Angst hat vor dem Schmerz, den das Ende einer tiefen Bindung ganz unvermeidlich mit sich bringt, der kann sich auf eine solche Geschichte einlassen. Vorausgesetzt, auch die anderen Beteiligten leiden nicht. Oft ist es allerdings leichter, eine Regel wörtlich einzuhalten, als alle Folgen zu übersehen und die eigene Einstellung zu erkennen. Wie leicht führen wir uns selbst hinters Licht, wenn wir unsere Wünsche rechtfertigen wollen.

Was ist nun heilsame Sexualität? Eine, in der wir uns selbst und die andere Person immer besser verstehen; eine, die Leiden verringert und mit Liebe, Einsicht und Großzügigkeit verbunden ist. Für unerläßlich erklärt der vietnamesische Zen-Lehrer Thich Nhat Hanh auch die Bereitschaft, langfristig zusammen zu bleiben. Tatsächlich sind »One-night-stands« und flüchtige Affären oft mit wenig Zuneigung und Respekt verbunden, vor allem, wenn Menschen sich aus Einsamkeit oder Langeweile hineinstürzen. Achtet man aber auf Absichten und Folgen seines Handelns, kann man auch in solchen Beziehungen etwas geben und daraus lernen.

In traditionellen buddhistischen Kommentaren wird Homosexualität als unheilsame Sexualität klassifiziert. Das war einerseits als Anweisung für zölibatäre Mönche und Nonnen gemeint, die nicht einfach heterosexuelle durch homosexuelle Beziehungen ersetzen sollten. Zum anderen muß diese Auffassung als Ausdruck eines kulturbedingten Konsens verstanden werden, der auch in westlichen Gesellschaften bis in die jüngste Vergangenheit von einer Mehrheit der Bevölkerung geteilt wurde. Platons Zeitgenossen hätten eine solche Einschätzung allerdings absonderlich gefunden. Viele westliche Lehrende sind der Ansicht, daß die sexuelle Orientierung nicht per se über den ethischen Wert einer Beziehung entscheidet. Eine liebevolle homosexuelle Beziehung ist gewiß heilsamer als eine traditionelle Ehe, in der eheliche Pflichten mitunter gewaltsam eingefordert werden. Bei vielen öffentlichen Anlässen wird der Dalai Lama nach seinen Ansichten über heilsame bzw. unheilsame Sexualität befragt. Meist referiert er zunächst die klassischen buddhistischen Positionen, die sich wenig von strengen christlichen Interpretationen unterscheiden. Er betont aber auch stets, daß alle ethischen Regeln auch zeitbedingte Elemente enthalten. 1993 meinte er: »Wenn ich diese Regeln heute formulieren müßte, würde ich einiges anders gewichten.« (*)

In einigen buddhistischen Schulen gilt ein Leben im Zölibat als besonders günstige Voraussetzung für ein spirituelles Leben. Das Hauptargument lautet: Intime Beziehungen stärken das Begehren und führen meist zu starker Anhaftung an eine bestimme Person. Darum wird Menschen, die ihr Leben der spirituellen Entwicklung widmen wollen, im allgemeinen das Zölibat angeraten. Doch scheinen nicht nur ganze Kulturen, sondern auch die beiden Geschlechter den Wert des Zölibats unterschiedlich einzuschätzen. (*) Und auch diese Auffassungen verändern sich immer wieder. Im Buddhismus zählen in erster Linie die Absichten beim Handeln und nicht nur seine äußere Form. Ob wir nun alleine leben oder zu zweit, in einer langfristig angelegten oder zeitlich befristeten Beziehung, mit oder ohne kirchlichem Segen oder staatlich anerkannter Form, mit einer Person des gleichen oder des anderen Geschlechts, mit oder ohne Kinder, mit oder ohne – erwünschtem oder ungewolltem – Zölibat. Es sind die Absichten, die die heilsamen oder unheilsamen Folgen und damit den ethischen Wert unseres Denkens und Tuns bestimmen.

Die tantrischen Schulen sehen die Sexualität auch eher positiv. Wenn wir nicht »ins Objekt fallen« – die andere Person also nicht für die Quelle unseres Glücks halten – können wir durch sie viel lernen über unseren Geist und unsere Freudfähigkeit. Letztendlich kann »rechte« Sexualität sogar zum Erwachen führen. (*)

Sie kann starke Energien wecken. Durch sie können wir uns wach und lebendig fühlen und ungeahnte Kräfte und Fähigkeiten entfalten. Sie kann uns Schlaf und Nahrung ersetzen und trockene Bürohengste zu feurigen Gedichten inspirieren. Sexuelle Energie ist die Vitalkraft schlechthin; durch sie kann neues Leben entstehen.

Sie kann aber auch zerstörerisch wirken: Wenn das sexuelle Begehren blind macht für die Bedürfnisse anderer und verbunden ist mit Egozentrik, Gier und Machthunger, dann kann sie zu Ausbeutung und Abhängigkeit führen, zu Mißbrauch, Gewalt und Mord.

Heilsame Sexualität dagegen ist solche, durch die Heilsames entsteht. Das bedeutet: Macht unsere Sexualität alle Beteiligten mehr oder weniger glücklich und entstehen daraus keine Komplikationen – aufwühlende Szenen, emotionale Exzesse, dramatische Aktionen oder Gerichtsprozesse – ist sie vermutlich heilsam, zumindest nicht schädlich. Und sie ist ein großer Schatz, wenn wir einander immer besser wertschätzen und verstehen, uns einfühlen und einander helfen zu wachsen.

Übung: Treue

Durch die folgenden Fragen können Sie Ihr Verhältnis zur Treue untersuchen:

Wie wichtig ist Ihnen sexuelle und emotionale Treue? Können oder könnten Sie in einer offenen Beziehung leben? Wollen Sie es?

Unter welchen Bedingungen können Sie Seitensprünge akzeptieren? Können oder könnten Sie eine längerfristige anderweitige Bindung Ihres Partners bzw. Ihrer Partnerin tolerieren?

Haben Sie schon einmal einen Seitensprung gemacht? Aus welchen Gründen? Wie hat sich das auf die Beziehung ausgewirkt? Wurde offen darüber geredet?

Hat Ihr Partner bzw. Ihre Partnerin schon einmal einen Seitensprung gemacht? Welche Gefühle hat das in Ihnen ausgelöst? Wut, Ohnmacht, Verlustängste, Selbstmitleid oder das Gefühl, versagt zu haben? War es Ihnen mehr oder weniger gleichgültig? Empfanden Sie Mitfreude? Wie hat sich die Affäre auf die Beziehung ausgewirkt?

Haben Sie schon einmal die Rolle des oder der Geliebten übernommen? Was waren Ihre Motive? Wußten Sie von Anfang an Bescheid? Worunter haben Sie gelitten? Was gefiel Ihnen an der Beziehung? Mußte sie verheimlicht werden? War der »offizielle« Partner bzw. die »offizielle« Partnerin einverstanden?

Wie hat sich die Situation entwickelt? Gab es eine Trennung? Wer hat sich von wem getrennt?

Geistige Klarheit

Im engeren Sinne bedeutet diese buddhistische Regel, weder Drogen noch Alkohol zu konsumieren. Drogensucht kann das ganze Leben ruinieren, und Alkohol stumpft ab und senkt die Hemmschwelle, was zu rücksichtslosem Verhalten führen kann. Statt dessen soll der Geist durch Meditation geklärt werden.

Im weiteren Sinne geht es darum, Klarheit, Offenheit und Feinfühligkeit zu fördern. Wir können also beobachten, was diese Qualitäten fördert und was sie beeinträchtigt. Dabei achten wir zum Beispiel auf die Wirkungen von Kaffee und Tee, Nikotin und Nahrungsmitteln sowie auf den Einfluß von Büchern und Zeitschriften, Musik und Filmen. Beobachten wir den Einfluß von Alkohol genauer, könnten wir auch feststellen, daß er auf uns in Maßen genossen entspannend und auflockernd wirkt, und manche Drogen lösen eingeschliffene Denkmuster auf und intensivieren oder verändern die Wahrnehmung. Darum werden Drogen und Alkohol manchmal bei religiösen Zeremonien verwendet. Zum Beispiel sind tibetische Rituale manchmal mit dem Genuß von ein wenig Alkohol verbunden. Viele buddhistische Schulen benutzen allerdings nichts dergleichen in ihren Ritualen.

Wissen wir genug über heilsame und unheilsame Wirkungen, können wir das essen und trinken, lesen und hören, was Offenheit und Klarheit, Ruhe und Selbstvertrauen fördert, und das meiden, was stumpf und unruhig, unachtsam und unzufrieden macht. Kurz: Wir vereinfachen unser Leben, konsumieren achtsam und wählen die Informationen, die wir aufnehmen wollen.

Übung: Konsum und Beziehungen

Wir untersuchen den Zusammenhang von Beziehungen und Konsumverhalten:

Wann und mit wem trinken Sie Alkohol? Sind Sie dann entspannter? Können Sie sich auch ohne Alkohol entspannen? Wann fangen Sie an zu rauchen oder zuviel zu essen? Mit wem schauen Sie sich welche Filme an? Wie fühlen Sie sich nach bestimmten Fernsehsendungen oder der Zeitungslektüre? Wie beeinflussen bestimmte Begegnungen Ihre geistige Verfassung? Mit welchen Personen sind Sie meist offen und klar, mit welchen eher angespannt, kleinlich und engstirnig?

Eigene Maßstäbe setzen

Jede Zeit und Kultur formuliert eine andere Ethik und setzt andere Schwerpunkte. In der folgenden Übung können Sie Ihre eigenen Grundsätze aufstellen und klären, welche Maßstäbe Sie erfüllen wollen und können. Es schadet aber nicht, diese immer wieder anhand der traditionellen Richtlinien zu überprüfen.

Übung: Meine eigenen Regeln

Lesen Sie sich die ethischen Regeln mehrmals durch:

Ich will nicht töten, sondern Leben schützen.

Ich will nur nehmen, was mir freiwillig gegeben wurde, und von Herzen geben.

Ich will nicht lügen, sondern die Wahrheit sagen.

Ich will niemanden durch mein sexuelles Begehren und Verhalten verletzen, sondern bestehende Bindungen und Verpflichtungen achten.

Ich will meinen Geist nicht durch Drogen und Alkohol trüben, sondern durch Meditation klären.

Finden Sie nun Ihre eigenen Formulierungen.

Fragen Sie sich: Welche der Regeln inspirieren mich? Welche stören mich? Welche sind mir wichtig und mit welcher Einstellung beachte ich sie? Welche Regeln beachte ich nicht? Aus welchen Gründen? Wie wirkt sich das auf meine Beziehungen aus?

Sie können sich täglich eine Regel vornehmen und versuchen, danach zu leben. Fragen Sie sich dann am Abend: Ist es mir leicht oder schwer gefallen? Hat es mir geholfen, heilsam zu handeln? Habe ich mich unter Druck gesetzt? Habe ich die Regel übertreten? Welche emotionale Reaktion hat das ausgelöst?

Heilsame Beziehungen

Nichts verursacht so viel Leiden wie Habenwollen und Festhalten. Daraus folgt: Loslassen ist ein Heilmittel. Das bedeutet allerdings nicht, Beziehungen einfach aufzugeben und allein in die Wüste zu gehen. Loslassen in Beziehungen heißt, sich nicht an andere Menschen zu klammern in dem Wahn, sie seien die Ursache unseres Glücks. Sie sind nicht nur dazu da, unsere Bedürfnisse zu befriedigen, sondern ein Spiegel, in dem wir unsere unerledigten Angelegenheiten entdecken können und mit Sicherheit auch werden. Andere Menschen sind aber weit mehr als die Rolle, die sie für uns spielen. Auch die Mutter ist eine Frau mit tausend Interessen, Vorlieben und Sehnsüchten. Der Liebste spielt Billard und schaut Fußball. Die kluge Kollegin mag nicht nur philosophische Bücher, sondern auch Krimis und Cheeseburger von MacDonald, und die rebellischen Nachbarskinder sind schon recht erwachsene junge Menschen mit eigenen Vorstellungen. Respektieren wir ihre Eigenart, können Konflikte vermieden werden. Handeln wir ethisch und begegnen allen Menschen mit einem offenen, klaren Geist und einem mitfühlenden Herzen, dann können heilsame Beziehungen entstehen.

Übung: Beziehungen und Ethik

Wir betrachten die Beziehungen in unserem Umfeld unter dem Gesichtspunkt der fünf ethischen Regeln.

Fragen Sie sich: Wie sehen Beziehungen aus, in denen die fünf Empfehlungen nicht beachtet werden? Wie verändern sich Beziehungen, wenn sie beachtet werden?

Im letzten Kapitel des Beziehungs-Teils betrachten wir die bisher ausgesparte Regel »Nicht lügen«, erweitert auf die »rechte Rede« in ihren vier Aspekten: Nicht lügen, verleumden, verletzen oder schwätzen, sondern auf heilsame Weise kommunizieren.

Heilsam kommunizieren

Durch Kommunikation begründen und erhalten wir Beziehungen, und die Art unserer Beziehungen prägt unsere Kommunikation.

Sie kann beglückend sein und heilsam, wenn wir Freude, Mitgefühl und Einsichten vermitteln, Anteil nehmen, würdigen, ermutigen und Komplimente machen. Worte können aber auch tief verletzen. Ein tibetisches Sprichwort sagt: »Waffen treffen den Körper, Worte treffen ins Herz.«

Wir kommunizieren aber nicht nur mit Worten. Auch der Ton – zum Beispiel von »Du hast mir gerade noch gefehlt!« – macht die Musik. Wir »reden« also auch durch die Modulation unserer Stimme, manchmal auch durch Schweigen; wir kommunizieren mit Blicken und Gesten, Mimik und Körperhaltung. Durch diese Kanäle senden wir die meisten Hintergrundinformationen: unsere Einstellung zu uns und anderen, unsere Ansichten und Meinungen, unsere Gewohnheiten und emotionalen Muster. Oft merken wir es nicht einmal. Selbsterkenntnis tut also not.

Wir können uns fragen: Wie drücken wir Zuneigung und Wertschätzung aus, wie Kritik, Ablehnung und Ärger und wie Gleichgültigkeit und Desinteresse? Wie wirkt sich unser Kommunikationsstil auf uns selbst und andere aus? Was verhindert das Verstehen und was fördert es? Worüber reden wir, und worüber reden wir nicht? Was treibt uns innerlich, wenn wir reden und zuhören, weghören oder »mit dem Körper sprechen«?

Die buddhistischen Grundsätze der »rechten Rede« können

helfen, Redeverhalten, Wirkungen und Einstellungen zu erkennen. Das schafft Raum für Veränderungen.

Rechte Rede

Die »rechte Rede« ist ein Element des buddhistischen Weges und eine der zentralen ethischen Richtlinien. Sie hat vier Aspekte:

Nicht lügen, sondern die Wahrheit sagen.
Nicht verleumden, sondern für Harmonie sorgen.
Nicht verletzen, sondern heilen.
Nicht sinnlos schwätzen, sondern sinnvoll reden.

Diese Richtlinien dürfen nicht getrennt voneinander gesehen werden: Jemanden durch die Wahrheit zu verletzen ist ebensowenig rechte Rede wie jemanden mit heiligen Sprüchen zu traktieren. Außerdem sind die Motive zu berücksichtigen. Reden wir beispielsweise über ein ungeschicktes Verhalten, um einen Konflikt zu klären oder um jemandem seine Schwächen vorzuhalten? Verstecken wir unser Klatschen über andere hinter der Sorge um ihr Wohlergehen? Und wenn wir uns aus einem Gespräch zurückziehen und die anderen sich verletzt zeigen, sollten wir prüfen, ob wir tatsächlich Geschwätz vermeiden wollten oder ob wir keine Lust mehr hatten, mit »diesen dummen Gänsen« oder »den primitiven Kerlen« zu reden. Die anderen könnten unsere Ablehnung gespürt haben.

Wie die anderen Richtlinien sind die zur rechten Rede keine Vorschriften, sondern Übungsfelder, auf denen wir experimentieren können. Durch neugieriges, spielerisches Ausprobieren erfahren wir am meisten über uns selbst und vermeiden Unaufrichtigkeit und Heuchelei, die großen Schaden anrichten können.

Finden wir die Empfehlungen sinnvoll und wollen wir ihnen folgen, brauchen wir viel Geduld. Niemand kann von heute auf morgen aufhören, die Tatsachen zurechtzubiegen oder Hörensagen als Wahrheit auszugeben, und auch nach Jahren ausdauernder Übung werden wir noch Unsinn schwätzen und andere verletzen.

Zunächst einmal können wir uns bemühen, die vier Arten unheilsamer Rede einzuschränken, also weniger zu lügen und zu verletzen, zu klatschen und zu schwätzen. Mit der Zeit werden wir wacher und merken, wie und was wir reden und wie sich das auf uns und andere auswirkt. Dann können wir auch auf unsere Einstellung achten und uns bemühen, liebevoll und einfühlsam zu reden und dabei den richtigen Zeitpunkt und die nötigen Bedingungen zu beachten. Das Ziel heilsamer Rede ist erreicht, wenn wir tatsächlich helfen, nützen und inspirieren können.

Lügen haben kurze Beine

Die erste Empfehlung lautet nicht lügen, sondern die Wahrheit sagen. Genauer: Nur das sagen, wovon wir wissen, daß es wahr ist.

Doch wissen wir wirklich, daß im Jahr zweitausend die Welt untergehen wird und unser Nachbar die Stereoanlage nur aufdreht, um uns zu ärgern? Eigentlich nicht. Im Grunde wissen wir sehr wenig. Doch brauchen wir deshalb nicht in bleiernes Schweigen zu verfallen. Es reicht, Tatsachen von Meinungen zu unterscheiden und entsprechend zu vermitteln. Das sorgt für Klarheit und nimmt den Zündstoff aus manchen Gesprächen, denn wenn ich weiß: »Dies ist meine Ansicht; es kann auch andere geben«, dann identifiziere ich mich nicht völlig damit und fühle mich durch andere Ansichten nicht bedroht. Auch mein Gegenüber wird sich gegen Meinungen nicht so heftig wehren wie gegen »Tatsachen«.

Es geht auch nicht darum zu klären, wer recht hat. Jeder und jede sieht die Dinge anders. Gemeinsam sehen wir mehr und können unseren Horizont erweitern, indem wir andere Ansichten kennenlernen und noch klarer erfassen, wie wir uns selbst und die Welt sehen.

Der eigene Standpunkt ist also nicht unwichtig. Auch unsere Gefühle haben ihre Berechtigung. Wir können sagen, wenn uns etwas verletzt. Vorausgesetzt, wir halten unsere Meinung nicht für die absolute Wahrheit. Vielleicht waren Mißverständnisse oder falsche Erwartungen im Spiel; vielleicht wirken wir ganz anders, als wir angenommen haben. Das läßt sich aber klären. So wird Kommunikation zu einem Wechselspiel von Selbstwahrnehmung und Zuschauen, Selbstausdruck und Zuhören.

Empfindlich gestört wird die Kommunikation durch Lügen. Diese lohnen sich höchstens kurzfristig, denn »Lügen haben kurze Beine«. Irgendwann kommen sie heraus, und dann zerstören sie das Vertrauen.

Ehrlichkeit dagegen verbessert das zwischenmenschliche Klima: Es bildet Vertrauen und ermutigt die anderen, bei der Wahrheit zu bleiben, auch wenn es schwer fällt. Wie oft schwindeln wir, um uns vor einer zornigen Reaktion zu schützen. Wie oft machen wir unehrliche Komplimente, um Zuneigung zu bekommen, oder verdrehen die Wahrheit, um besser dazustehen.

Absolute Ehrlichkeit ist allerdings nicht immer angebracht. Fragt ein flüchtiger Bekannter auf der Straße »Wie geht's?«, will er vermutlich nicht gleich unsere ganze Krankengeschichte hören sowie eine ausführliche Darstellung des Scheidungsdramas, des Konkursverfahrens und der miserablen wirtschaftlichen und weltpolitischen Lage. In dem Fall reicht ein: »Es geht.« Nicht aber gegenüber der Liebsten, wenn sie sich große Sorgen macht.

Außerdem ist zu berücksichtigen: Kann die andere Person die Wahrheit überhaupt verkraften? Ist es der richtige Zeitpunkt? Welche Motive habe ich? Entsteht letztendlich mehr Glück oder mehr Leid durch ein offenes Wort?

So können wir uns beispielsweise fragen: Müssen wir immer sagen, wenn wir jemanden zu dick finden, eine Wohnung unwirtlich und ein Kleid oder eine Krawatte geschmacklos? Ungefragt? Wieso? Müssen wir brühwarm weitertragen: »Du, unsere gemeinsame Freundin X hat gesagt, sie findet dich ganz schrecklich weinerlich.« Vielleicht war es nicht so hart gemeint, vielleicht hat die Freundin nur ihren Frust abreagiert. Wozu also diese Bemerkung hinterbringen und Unfrieden stiften? Welches Motiv steckt dahinter?

Und müssen wir es Krebskranken immer sagen, wenn sie keine Heilungschancen haben? Manche wollen Klarheit, andere können sie im Moment vielleicht nicht verkraften.

Wir müssen also Kontext, Zeitpunkt und Motive berücksichtigen, und das ist nicht immer leicht. Meist können wir nur nach bestem Wissen und Gewissen handeln und uns dann die Folgen anschauen. Ist zum Beispiel nach einem offenen Gespräch die Luft wieder rein und die Stimmung entspannter, war es eine heilsame Rede. Sind nachher alle wütend und verstimmt, haben wir einen »Fehler« gemacht. Dann können wir daraus lernen und um Verzeihung bitten. Wenn wir es ehrlich meinen, wird diese meist gerne gewährt. Und auch wir selbst sollten uns unsere mißlungenen Experimente verzeihen.

So geht es in der folgenden Übung auch nicht darum, begangene »Sünden« anzuprangern, sondern darum, uns selbst zu verstehen und anzunehmen, wie wir sind.

Übung: Lügen

Wir denken an eine Situation in den letzten Tagen, in der wir gelogen, etwas verschwiegen oder verdreht haben. Wir fragen uns:

Welche Tatsache habe ich verdreht? Was war tatsächlich los und was habe ich gesagt?

Was sollten die anderen nicht wissen? Was sollten sie statt dessen denken?

Welche Folgen hatte mein Verhalten?

Habe ich ein schlechtes Gewissen? Habe ich Angst, beim Lügen ertappt zu werden? Schäme ich mich?

Dann fragen wir uns: Lüge ich häufig? Wem gegenüber? Merke ich es gleich oder erst später?

Wie gehen meine Mitmenschen mit der Wahrheit um? Ärgere ich mich häufig über andere, die es mit der Wahrheit nicht so genau nehmen? Wen halte ich für unzuverlässig?

Hast du schon gehört, daß ... ?

Was wir denken, prägt unser Leben. Denken und reden wir Negatives – zum Beispiel über den Geiz, die Borniertheit und Lieblosigkeit anderer –, fühlen wir uns entsprechend schlecht: Wir ärgern uns, sind angespannt und mißmutig. Aber warum tun wir uns das an? Warum reden wir schlecht über andere?

Manchmal wollen oder können wir eine Person nicht damit konfrontieren, daß wir uns über sie geärgert haben, und lassen unseren Dampf bei Dritten ab.

Manchmal sind wir einfach nur unachtsam oder sogar besorgt, beispielsweise um die Kollegin, die schon morgens früh zur Flasche greift. Wenn das rauskommt ...

Manchmal schwimmen wir auch mit dem Strom. Wenn in einer Gruppe alle über andere herziehen, gehört viel Mut dazu, nicht mitzumachen. Es ist auch nicht leicht, das zu unterbinden. Sich zum Moralapostel aufzuschwingen verärgert die anderen nur. Zu schweigen oder demonstrativ den Raum zu verlassen kann einen leicht zum nächsten Opfer übler Nachrede machen. Am heilsamsten können wir wirken, wenn wir uns nicht über den Klatsch ärgern, Verständnis für die Schwächen anderer zeigen und den Humor nicht verlieren. Manchmal funktioniert Übertreiben: »Ja, unmöglich, daß X immer fünf Minuten zu spät kommt. Fünf Minuten! Nicht zu fassen! In der Zeit habe ich mein halbes Monatspensum erledigt.« Oder: »Ja, wirklich unglaublich, daß Y auf Betriebskosten private Fotokopien macht. Ich bin sicher: So einer klaut auch Klopapier.« Man muß die Beteiligten allerdings gut kennen, sonst gerät der Witz leicht in die falsche Kehle. Oft verbirgt sich auch mangelndes Selbstwertgefühl hinter bösartigem Klatsch und Tratsch. Dann setzen wir andere Personen herab, um selbst besser dazustehen. Doch diese Strategie ist zum Scheitern verurteilt. Studien haben gezeigt, daß die angeprangerten Eigenschaften auf einen selbst zurückfallen. Wer sich also ständig darüber aufregt, wie engstirnig oder verlogen die Menschen sind, wird bald selbst für engstirnig oder verlogen gehalten. Außerdem beseitigt es nicht das zugrundeliegende Minderwertigkeitsgefühl: Wenn wir andere herabsetzen, macht uns das nicht besser. Ganz im Gegenteil. Wer mit Dreck wirft, wird dreckig.

Unsere Einstellungen wirken sich auch auf andere aus. Werden Kinder zum Beispiel für dumm oder unbegabt gehalten, dann lernen sie schlechter, als wenn ihnen viel zugetraut wird. Halten wir alle Menschen für egoistisch, dann locken wir bei anderen genau diese Eigenschaft hervor, sogar bei Menschen, die normalerweise recht mitfühlend und rücksichtsvoll sind. Sehen wir aber die guten Seiten in anderen, dann fördern wir sie und tun uns selbst auch gut, indem wir an Gutes denken und darüber reden. Außerdem verbessert es das zwischenmenschliche Klima: Sind alle Beteiligten einigermaßen sicher, daß nicht schlecht über sie geredet wird, werden sie offener, entspannter und damit intelligenter, und sie reden freimütiger über das, was sie wirklich bewegt. Das stärkt die Verbundenheit und das Selbstwertgefühl, so daß üble Nachrede unnötig wird.

Die guten Seiten unserer Mitmenschen zu suchen und zu fördern bedeutet natürlich nicht, die Augen vor ihren Schwächen zu schließen. Wir müssen sie ihnen aber nicht vorwerfen, sondern können versuchen, sie zu verstehen und unser Hauptaugenmerk auf die positiven Seiten zu richten.

Allerdings können wir wohl nicht immer beides zugleich: nur Gutes über andere sagen und gleichzeitig ehrlich sein. Doch sind die Regeln, wie gesagt, keine Vorschriften, sondern Übungsfelder, auf denen Aufmerksamkeit und Selbsterkenntnis geschult werden kann. In der folgenden Übung können wir zum Beispiel erkennen, was, wie und warum wir schlecht über andere reden.

Übung: Klatsch und Tratsch

Wir denken an die letzte Situation, in der wir schlecht über andere geredet haben. Wir fragen uns:

Was war der Anlaß? Was genau habe ich gesagt? Welche Eigenschaften oder Verhaltensweisen habe ich kritisiert?

Was war mein Motiv? Besorgnis, Ärger, Anpassung, Gewohnheit?

Wie hat sich das Gespräch ausgewirkt? Habe ich das Verhalten der Person durch das Gespräch besser verstanden? Habe ich einfach nur Dampf abgelassen? Ist der Ärger größer geworden? Haben sich bestimmte Urteile verhärtet?

Und Worte treffen das Herz

Die dritte Empfehlung zur »rechten Rede« legt uns nahe, nicht durch Worte oder Schweigen zu verletzen, sondern zu sagen, was hilft und wohl tut.

Zwei Geschichten bezeugen die Macht der Worte.

Ein tibetischer Lama wurde zu einem kranken Kind gerufen. Er setzte sich an sein Bett, hielt seine Hand und rezitierte Mantras. Dann blies er auf die schmerzende Stelle und sagte der Mutter, nun werde das kleine Mädchen bald wieder gesund. Ein hoher Gast der Familie lachte zynisch und rief: »Was soll dieses Nachplappern unverständlicher Silben denn schon bewirken? Das ist doch alles Aberglauben!« Der Lama schaute ihn an und erwiderte gelassen: »Einer, der so dumm daherredet, hat weniger Hirn als der kleinste Vogel.« Der vornehme Gast lief puterrot an und wollte den Lama heftig beschimpfen, als dieser sagte: »Wenn eine bloße Aneinanderreihung von Worten so viel Ärger auslösen kann, dann kann eine andere Silbenfolge wohl auch heilende Kräfte wecken.« Der Gast bedankte sich mit einer stummen Verbeugung.

Eine ähnliche Botschaft vermittelt eine Geschichte aus dem alten Japan. Ein japanischer Schwertkämpfer, ein Samurai-Krieger, kam zu einem Zen-Meister und fragte: »Meister, gibt es Himmel und Hölle?« Der Meister schaute ihn verächtlich an und sagte: »Du Witzfigur, du hast nicht einmal den Verstand einer Fliege, was weißt du von Himmel und Hölle!« Der Samurai erbleichte vor Wut und zückte sein Schwert. Da sagte der Meister: »Das ist die Hölle!« Der Samurai erbleichte wieder, steckte sein Schwert in die Scheide und verneigte sich dankbar. »Und das ist der Himmel«, sagte der Meister, und beide verbeugten sich voreinander.

Wenn wir verletzen, dann oft aus Angst oder Unwissenheit: Vielleicht merken wir gar nicht, was wir tun, oder wir fühlen uns in die Ecke getrieben. Verletzen lassen kann dieselben Ursachen haben. Entweder haben wir Angst, Grenzen zu setzen, oder wir kennen diese nicht einmal. Dann sagen wir immer »Ja und Amen«, können unser Wort aber nicht halten und wundern uns dann, wenn andere sich ständig über uns ärgern oder enttäuscht sind. Wir wollten doch nur nett sein ... nicht Nein sagen ... Doch sich in Geduld und Mitgefühl zu üben bedeutet nicht, sich verletzen, ausnutzen und von anderen auf der Nase herumtanzen zu lassen.

In der nächsten, von Sylvia Boorstein inspirierten Übung spüren wir den Folgen verletzender Rede nach. (*) Das kann helfen, in Zukunft mehr Grenzen zu setzen. Die darauffolgende Übung regt dazu an zu erkennen, wie wir andere verletzen.

Übung: Und Worte treffen das Herz

Denken Sie an Ihre letzte körperliche Verletzung. Schmerzt sie heute noch?

Denken Sie dann an den letzten Streit. Sind die Wunden verheilt, oder schmerzen sie immer noch?

Denken Sie an körperliche Krankheiten, Wunden und Verletzungen der letzten Jahre und Jahrzehnte. Schmerzen diese immer noch?

Denken Sie dann an Beleidigungen, Streits und böse Worte aus den letzten Jahren und Jahrzehnten. Sind diese verbalen Wunden verheilt, oder schmerzen sie immer noch?

Übung: Verletzen

Wir denken an eine Situation der letzten Tage, in der wir jemanden durch unser Reden verletzt haben. Wir fragen uns:

Was war der Anlaß? Was genau habe ich gesagt?

Wollte ich die Person verletzen oder geschah es unabsichtlich? Ist das bei derselben Person schon einmal vorgekommen? Oder bei einer anderen Person?

Wie hat die andere Person reagiert? Hat sie mich angegriffen oder die Verletzung weggesteckt? Hat sie mir indirekt Vorwürfe gemacht? Hat sie sich zurückgezogen?

Habe ich die Verletzung gleich bemerkt oder erst später? Habe ich mich im Recht gefühlt? Habe ich mich entschuldigt?

Schweigen ist Gold

Töten richtet den größten, eitles Geschwätz den kleinsten Schaden an. Doch können wir leicht viel Zeit damit vergeuden.

Schwätzen ist allerdings nicht immer so sinnlos, wie ein belangloser Inhalt vermuten lassen könnte: Wir mögen nur über das Wetter reden, doch im Grunde drücken wir Sympathie und Wertschätzung aus durch Blicke, Lächeln oder Gesten.

Doch wie oft reden wir nur, um die Zeit totzuschlagen, aus Langeweile oder Gewohnheit, Unruhe oder Geltungssucht. Manchmal merken wir das erst, wenn wir uns einmal zum Schweigen entschlossen haben, sei es für eine bestimmte Mahlzeit, den Sonntagnachmittag-Spaziergang oder einen bestimmten Wochentag. Besonders Menschen, die unter hohem Zeit- und Arbeitsdruck stehen, finden es erholsam, wenn sie sich einmal nicht darstellen, behaupten oder auf andere eingehen müssen.

Wird über eine längere Zeit – zum Beispiel während einer Meditationswoche – geschwiegen, fühlen sich manche Menschen sehr einsam und verlassen, selbst wenn die Lehrenden ein Klima des Wohlwollens und der Akzeptanz geschaffen haben. Doch manche Menschen wurden vielleicht als Kind mit Liebesentzug und Schweigen bestraft und fühlen sich darum abgelehnt und ausgeschlossen, wenn eine Woche lang geschwiegen wird. Andere sind im Grunde ihres Herzens vielleicht immer einsam, überdecken das normalerweise aber mit vielen Kontakten, Hektik und Aktivität. Fällt das nun weg, werden die tieferliegenden Gefühle schmerzhaft deutlich. Doch wenn sie nicht bewußt werden, können sie nicht geheilt werden.

Wer sich auf das Schweigen einläßt, lernt dadurch, ganz bei sich zu sein, und das im Beisein anderer. Übertragen wir diese Haltung auf den Alltag, können wir besser mit uns und anderen umgehen. Während einer Schweigewoche schauen wir auch intensiver nach innen und erkennen, was wir uns ständig selbst sagen. Das fördert die Selbsterkenntnis. Schweigen ist also eine Art Dampfkochtopf, in dem die Einsicht in eigene Muster schneller »gar« wird als durch jede andere Methode.

Noch etwas geschieht durch das Schweigen: Die Gedanken werden weniger oder zumindest weniger aufdringlich. Was sollten wir auch denken, überlegen oder planen? Es ist für alles bestens gesorgt, und die Familie, die Arbeit, das gesellige Leben sind weit weg. Zeitung und Fernsehen gibt es nicht und auch keine Gespräche, auf die wir uns vorbereiten oder die wir wiederkäuen könnten. Mit der Zeit lockert sich der Zugriff des dualistischen Denkens, so daß Einsicht in Buddha-Natur sich leichter entfalten kann.

Lama Yeshe legte bei all seinen Kursen großen Wert auf Schweigen, mehr noch als auf lange Meditationssitzungen. Manche Menschen können aufgrund ihrer physischen oder psychischen Verfassung nicht lange still sitzen. Schweigen aber können alle, wenn sie es wollen.

Eitles Geschwätz vermeiden heißt natürlich nicht, für den Rest des Lebens zu schweigen. Allerdings ist es anfangs leichter, zeitweise gar nicht als dosiert zu reden. Das Ziel ist aber, wahr, sinnvoll und hilfreich zu reden. Ein erster Schritt dazu ist die Einsicht in das eigene Schwätz- und Redeverhalten, wozu die folgende Übung hinführen möchte.

Übung: Schwätzen

Denken Sie an ein Gespräch der letzten Tage.

Worüber haben Sie gesprochen? Wer hat überwiegend geredet? Wer hat zugehört?

Wie ging es Ihnen nach dem Gespräch? Fühlten Sie sich inspiriert, verbunden, gelangweilt, verärgert, erleichtert?

Denken Sie an die Gespräche der letzten Wochen. Fragen Sie sich: Worüber rede ich häufig? Worüber rede ich besonders gerne? Mit wem rede ich oft und gerne? Mit wem rede ich ungern und wenig? Wer redet? Wer hört zu?

Suchen andere das Gespräch mit Ihnen?

Mit wem suchen Sie das Gespräch?

Beim ersten Kontakt mit den Empfehlungen zur rechten Rede denken manche Menschen vielleicht: »Entweder rede ich über andere, oder ich sage die Unwahrheit, Verletzendes oder unnützes Zeug. Also halte ich besser meinen Mund.« Möglicherweise versinken sie wochenlang in Schweigen. Kostet es sie nicht gerade den Job oder die Beziehung, dann ist das nicht weiter tragisch, sollte aber auch nicht zur Dauerstrategie werden. Vor allen Dingen kommt es darauf an zu merken, was und wie wir reden, mit welcher Motivation und welchen Folgen. Das schafft Raum für Veränderung. Den mittleren Weg sinnvoller Kurskorrekturen finden wir allerdings oft nur über große Extreme und viele kleine Experimente.

II.
ARBEIT

Was, wie und warum wir arbeiten

Was ist Arbeit?

Meist wird der Begriff Arbeit viel zu eng gesehen.

Oft wird er auf bezahlte Tätigkeiten beschränkt. Deutlich wird das, wenn Hausfrauen sagen, sie würden nicht arbeiten. Fragt man sie, ob sie denn den ganzen Tag Däumchen drehen und sich vom Ehemann verwöhnen lassen, dann erfährt man schnell, daß sie eine ganze Reihe von Berufen ausüben. Sie sind Erzieherin, Krankenschwester und Nachhilfelehrerin; Köchin und Haushälterin; Gärtnerin und Raumpflegerin; Psychologin, Reiseleiterin, Gesellschafterin und, und, und. Würden sie den üblichen Stundenlohn berechnen, kämen sie auf ein stattliches Gehalt. Mit welchem Recht werden ihre Tätigkeiten also nicht als Arbeit bezeichnet?

Dasselbe gilt für die »Arbeitslosen«: Sie renovieren die eigene Wohnung und bauen für Freunde und Nachbarn den Keller aus, pflegen den Garten und übernehmen oft auch ehrenamtliche Tätigkeiten. Auch sie arbeiten in anerkannten Berufen.

Oft gilt auch nur das als Arbeit, was das physische Überleben sichert, also Nahrung, Wohnung, Kleidung und Medikamente. Wie aber ist es mit den Tätigkeiten, die Herz und Geist nähren, also mit Kunst und Kultur im weitesten Sinne? Besonders körperlich arbeitende Menschen halten geistige Tätigkeit oft für eine Spielart von Nichtstun. Demnach wäre es keine Arbeit, Kant zu lesen, Wagner zu hören oder ein Meditationsseminar zu besuchen. Die alten Griechen und Inder wären da vermutlich anderer Ansicht; sie schätzten geistige Arbeit über alles. Wenn sie kein Vergnügen macht, sind wir Deutschen allerdings schon geneigt, sie als Arbeit anzuerkennen. Doch dann würde auch eine Professorin nicht arbeiten, wenn sie Freude hat an ihrem Beruf.

In diesem Buch bezeichne ich mit Arbeit jede Art von Tätigkeit, die Energie erfordert, durch die wir unsere Lebensenergie zum Ausdruck bringen, ob bezahlt oder unbezahlt, ob vergnüglich oder nicht. In diesem Sinne arbeiten sogar Faulpelze. Auch sie denken, reden und tun den ganzen Tag.

Ohne Liebe zur Arbeit wird diese stets mittelmäßig bleiben. Leider gibt es noch immer viele Frauen, die ihre Arbeit ungern tun und sie gering schätzen; wohl auch, weil sie vorgegebene, meist männliche Muster imitieren, statt eigene Visionen über Ziele und Wege zu entwickeln. Doch »wer die Gaben der Götter nicht nutzt, gegen den wenden sie sich«, heißt es in der Astrologie. Wir müssen also unsere Fähigkeiten entdecken und entfalten, sonst bringen die ungenutzten Energien uns in Schwierigkeiten.

Finden wir aber einen geeigneten »Kanal« für unsere Energie, für unsere Stärken, Talente und Kompetenzen, dann haben wir Freude am Tun, sind meist recht kreativ und handwerklich gut darin. Und wenn wir erst einmal wissen, wie Freude am Tun sich »anfühlt«, können wir diese Haltung immer öfter einnehmen, bis wir am Ende alles, was nötig ist, mit freudiger Hingabe tun.

Arbeitsmotive

So vielfältig wie die Arbeiten sind auch die dahinterstehenden Motive.

Manche sagen, sie arbeiten nur, um ihren Lebensunterhalt zu sichern. Oft erhoffen sie aber mehr: Macht und soziale Anerkennung, persönliche Zuwendung und das Gefühl, gebraucht zu werden oder besser zu sein als andere. Oder sie wollen ein bestimmtes Ergebnis erzielen, eine bestimmte Leistung erbringen.

Andere Arbeiten werden vielleicht aus Pflichtgefühl übernommen oder weil sie als ökologisch, sozial oder spirituell sinnvoll angesehen werden.

Gegen diese menschlich verständlichen oder sogar ehrenwerten Motive ist nichts einzuwenden. Es fragt sich nur: Wieviel Anhaftung steckt dahinter? Wir hatten ja gesehen: Habenwollen und Festhalten führen ebenso zu Leiden wie Abwehr, zum Beispiel von Langeweile oder innerer Unruhe. Manche Menschen setzen sich ständig neue Ziele, weil sie Untätigkeit nicht ertragen können. Vielleicht steckt ihnen der Appell aus Kindertagen noch in den Knochen: »Sitz nicht rum; tu endlich was.« Aktivität wird in unserer Gesellschaft hoch bewertet. Ruhe, Stille, einfach sein 116
gelten wenig, wie der folgende Witz deutlich macht. Sagt eine Mutter zur anderen: »Du, meine Tochter meditiert neuerdings.« »Naja«, sagt die andere. »Besser, als wenn sie herumsitzen und nichts tun würde.« Meditation kann also die erste legitime Form des Nichtstuns sein, aber auch eine große Herausforderung. Besonders aktive Menschen tun sich anfangs schwer, einfach nur da zu sitzen und sich zu spüren, ohne ein bestimmtes Ziel zu verfolgen.

Geht diese entspannte Wachheit in Fleisch und Blut über, kann sie mit in die Arbeit genommen werden. Dann entsteht Freude am Tun, und die Lebensenergie kann sich ungehindert ausdrücken.

Die folgende Übung gibt Ihnen Gelegenheit, Ihre Motive zu untersuchen. Ehrlichkeit ist dabei das Wichtigste. Wenn Sie zum Beispiel Anerkennung oder Zuneigung brauchen, dann sollten Sie sich das auch zugestehen.

Übung: Warum arbeiten Sie?

Was tun Sie nur, um Anerkennung, Geld oder Zuwendung zu erhalten? Geht es Ihnen häufig nur um das fertige Produkt? Verachten Sie andere, die weniger leisten, weniger begabt sind als Sie? Sind Sie zu unruhig, »einfach nur dazusitzen?« Müssen Sie ständig etwas Wichtiges tun? Lenkt Ihre Arbeit Sie ab von einer inneren Leere, den inneren Abgründen? Schützt sie vor Langeweile? Wissen Sie nicht, was Sie sonst mit sich anfangen sollen? Wo sind Sie nur mittelmäßig, weil Sie den Ideen anderer folgen, das Leben anderer leben? Wo sind Sie brillant, weil Sie Ihre Energie zum Ausdruck bringen, Ihrer Bestimmung gemäß leben können? Wann empfinden Sie Freude am Tun? Welche Arbeiten inspirieren Sie, geben Ihnen Kraft und bringen Sie in Kontakt mit Ihrer Intuition, Intelligenz und Lebensfreude?

Der Arbeitsplatz

In den folgenden Übungen können Sie Ihren Arbeitsplatz beleuchten, seine Vor- und Nachteile und die Qualitäten, die er fördert oder blockiert. Obwohl manche Fragen sich auf ein Beschäftigungsverhältnis in der Wirtschaft beziehen, kann die Selbsterforschung auf jede Art von Tätigkeit angewendet werden.

Wichtig ist auch Ihr Verhältnis zu den Menschen, mit denen Sie arbeiten, und die Rolle, die Sie spielen. Jedes Team braucht MitarbeiterInnen, die immer wieder neue Ideen haben, und andere, die »bremsen«, also auf Sachzwänge und ökonomische Grenzen aufmerksam machen. Nötig ist auch eine »Mutter der Station« – die Seele des Teams – und einen Chef oder eine Chefin, die die Fäden in der Hand behält. Frauen tun sich damit oft schwer. Die Rolle ist nicht immer identisch mit der offiziellen Funktion, dem Platz in der Hierarchie. Und natürlich gibt es hinter der Rolle auch immer eine Person, die auf der menschlichen Ebene angesprochen werden möchte.

Übung: Mein Arbeitsplatz

Was machen Sie gern? Welche Arbeit macht Freude, weckt Interesse, tut gut?

Welche Arbeiten machen Sie ungern? Was strengt an? Welche Arbeiten wollen Sie schnell hinter sich bringen, um frei zu sein für das »richtige« Leben?

Welche Qualitäten, Haltungen und Fähigkeiten fördert Ihr Beruf und welchen gibt er keinen Raum? Unruhe, Hektik und Zerstreutheit? Oder Sammlung und Konzentration? Dummheit, Überheblichkeit und Minderwertigkeitsgefühle? Oder Liebe, Einsicht und Geduld, Kompetenz, Kreativität und Intelligenz?

Was ist Ihnen wichtig an Ihrer Arbeit? Finden Sie sie sinnvoll und wichtig? Mögen Sie sie? Spüren Sie Ihre Kompetenz? Genießen Sie die soziale Anerkennung? Verdienen Sie gut? Beruhigt Sie die Sicherheit, die eine feste Stelle gibt? Brauchen Sie diesen klaren Rahmen, die Struktur, die eine geregelte Arbeit Ihrem Leben gibt? Schätzen Sie die Vertrautheit mit bestimmten Tätigkeiten, das Beisammensein mit Kolleginnen und Kollegen, den kontinuierlichen Kontakt mit Menschen?

Welche Nachteile hat Ihre Arbeitssituation? Welche Vorteile hat sie? Können Sie die Vorteile aus ganzem Herzen wertschätzen?

Wenn Sie freiberuflich tätig sind, können Sie sich fragen: Was mögen Sie an Ihrer freiberuflichen Existenz? Lieben Sie das Risiko? Leiden Sie unter der finanziellen Unsicherheit, oder vertrauen Sie darauf, daß es schon irgendwie weitergehen wird? Genießen Sie die freie Einteilung der Arbeit, oder fehlt Ihnen manchmal eine klare Struktur? Sind Ihnen feste Strukturen ein Greuel?

Welche Vor- und Nachteile hat Ihre Arbeitssituation? Können Sie die Vorteile aus ganzem Herzen wertschätzen?

Übung: Verhältnis zu den Menschen am Arbeitsplatz

Sie können sich fragen: Welche Rolle habe ich im Team? Oder wenn Sie selbständig sind: Welche Rolle spiele ich gegenüber KundInnen und KlientInnen? Entspricht diese Rolle meiner offiziellen Funktion? Paßt die Rolle zu meiner inneren Struktur und meinem Selbstwertgefühl? Beziehen sich meine MitarbeiterInnen auf meine offizielle Funktion oder auf die tatsächliche Rolle? Beziehen sich die anderen nur auf meine Funktion oder auch auf mich als Mensch? Fördert die Art des persönlichen Umgangs das Miteinander?

Der ideale Arbeitsplatz

Wir können uns fragen, ob wir unsere Energie durch unsere Arbeit angemessen zum Ausdruck bringen können. Ist das nicht der Fall, werden wir kaum von heute auf morgen den idealen Arbeitsplatz finden können. Ganz bestimmt nicht in Zeiten hoher Arbeitslosigkeit. Der rasche Wandel wiederum begünstigt individuelle Veränderungen.

Lassen sich diese nicht oder nicht sofort durchsetzen, hilft es, die Freiräume in der augenblicklichen Situationen zu entdecken und auszudehnen. Wir können fast überall einige Minuten innehalten und den Körper spüren. Wenn das Telefon klingelt, können wir zwei-, dreimal tief atmen und erst dann abheben. Und kleine Gänge können wir mit einer von Thich Nhat Hanh empfohlenen Gehmeditation verbinden, indem wir achtsam gehen und dabei innerlich die Sätze sprechen: »Ja zum Leben, danke fürs Leben.«

Hilfreich sind auch klare Prioritäten. Sie vereinfachen das Leben und schützen vor Druck und überzogenen Erwartungen. Das schafft Raum für mögliche Veränderungen, über die Sie in der folgenden Übung reflektieren können.

Übung: Der ideale Arbeitsplatz

Denken Sie an Ihre augenblickliche Arbeit.

Was würden Sie gern verändern? Was behindert diese Veränderungen? Äußere Umstände? Bestimmte Personen? Sachzwänge? Haben Sie Angst, bestimmte Forderungen zu stellen oder Vorschläge zu machen?

Welche Personen oder Umstände könnten die Veränderung fördern?

Stellen Sie sich nun Ihren idealen Arbeitsplatz vor.

Was würden Sie gerne tun?

Würden Sie gern allein arbeiten oder mit anderen zusammen? Mit welchen Personen würden Sie gern arbeiten?

Wo sollte sich Ihr idealer Arbeitsplatz befinden? Wie sollte er beschaffen sein?

Fragen Sie sich zum Abschluß: Was kann ich in den nächsten Tagen, Wochen und Monaten tun, um meinem idealen Arbeitsplatz näher zu kommen? Welche Personen oder Umstände könnten mich unterstützen? Bin ich auch bereit, selbst etwas zu tun, oder will ich lieber in eingefahrenen Gleisen bleiben?

Talente entdecken: Die fünf Fähigkeiten

Manche Menschen fühlen sich benachteiligt, was ihre Talente angeht. Sie haben vielleicht zwei linke Hände, Lernschwierigkeiten oder sind ungeschickt im Umgang mit Menschen. Doch auch in ihnen sind – den buddhistischen Lehren zufolge – fünf Fähigkeiten angelegt. Durch Wertschätzung und Übung können sie entwickelt werden und uns helfen, ein erfülltes Leben zu leben und unsere Energie in freudigem Tun auszudrücken.

Diese fünf Fähigkeiten sind: Achtsamkeit, Konzentration und Energie, Vertrauen und Einsicht. Ein traditionelles Bild vergleicht die Achtsamkeit mit einer Person, die die Kutsche des

Lebens lenkt. Gezogen wird sie von zwei Paar Pferden, die im Gleichschritt gehen sollten, sowohl das Paar Konzentration und Energie als auch das Paar Vertrauen und Einsicht. Wenn eine dieser »paarigen« Fähigkeiten schwächer entwickelt ist als die andere, holpert die Kutsche oder landet sogar im Graben.

In den nächsten drei Kapiteln werde ich diese grundlegenden Fähigkeiten eingehender beschreiben.

Achtsamkeit

Achtsamkeit weckt auf und holt uns in die Gegenwart, so daß wir uns selbst und unsere Umwelt immer besser erkennen und damit umgehen können. Darum gilt Achtsamkeit als die Basis aller guten Fähigkeiten. Sie macht das Menschsein aus.

Nicht alles ist uns bewußt. Viele Lebensvorgänge laufen automatisch oder instinktiv ab, zum Beispiel Herzschlag, Verdauung oder das Wachsen unserer Haare. Andere Fähigkeiten – wie Lesen, Schwimmen oder Radfahren – lernen wir zwar bewußt, schalten dann aber meist »auf Automatik«. Doch um etwas Neues lernen und unsere Talente entfalten zu können, brauchen wir Achtsamkeit, Aufmerksamkeit. Sie gehört zu den menschlichen Grundfähigkeiten. Kleine Kinder, die innerhalb kürzester Zeit so enorm viel lernen, beweisen das sehr eindrücklich.

Ein wenig Achtsamkeit besitzen wir alle. Wir spüren unseren Körper, nehmen Gegenstände wahr und können sie richtig benutzen: Wir kämmen uns nicht mit Gabeln und putzen uns die Zähne nicht mit dem Telefonhörer. Wir spüren Gefühle, emotionale Reaktionen und Stimmungen und können die Worte und Körpersprache anderer meist klar genug erfassen, um sinnvolle Gespräche zu führen. Und wir können unsere Aufmerksamkeit auf unsere Lebensziele ausrichten.

Allerdings ist unsere Aufmerksamkeit häufig schwach oder unterbrochen. Dann beschädigen wir Gegenstände, überhören Sätze oder übersehen Gesten und direkte oder indirekte Hinweise. Wir treffen Fehlentscheidungen, weil wir wichtige Informationen ausgeblendet haben, und wir »überhören« die Signale unseres Körpers und die Botschaften unserer inneren Stimme.

Wir können unsere Aufmerksamkeit aber schulen, indem wir lernen, uns objektiv zu beobachten. Mit der Zeit werden wir dann alle Impulse immer deutlicher spüren, ohne uns mit ihnen zu identifizieren. Nach und nach wird das Ichgefühl immer schwächer und löst sich schließlich auf in eine Vielzahl von Wahrnehmungen. Wir erkennen: Das Leben ohne Ich ist nicht schal und farblos. Wir taumeln auch nicht sinn- und beziehungslos durchs Universum, sondern nehmen wach und bewußt wahr, was um uns her geschieht und wie Gefühle, emotionale Reaktionen und Gedanken aufsteigen, für eine Weile bleiben und wieder verschwinden. Wir genießen das Glück und die Fülle des Augenblicks. Solch lichte Momente können wir nicht herbeizwingen. Wir können aber günstige Bedingungen schaffen durch die Achtsamkeit auf die vier Bereiche Körperempfindungen, Gefühle und emotionale Reaktionen, Grundstimmung und Gedanken. (*)

Körperempfindungen

Körperlich empfinden wir Druck und Schmerz, Wärme und Kälte, Weichheit und Verspannung, Pochen und Pulsieren, Fließen und Vibrieren. Diese Empfindungen werden ausgelöst durch Bewegung und Ruhe, Sexualität, Essen und Trinken, Gespräche oder Meditation, aber auch durch emotionale Reaktionen wie Angst und Freude, Liebe und Gier. Auch unsere Gedanken spiegeln sich auf der physischen Ebene.

Ist etwas nicht in Ordnung, dann meldet sich der Körper, und wir deuten seine Signale zum Beispiel als Hunger oder Durst, Unruhe oder Erschöpfung. Körperliche Signale können uns auch auf zuvor nicht bewußte Gefühle hinweisen. Spüren wir zum Beispiel während eines Gesprächs, daß unsere Nackenmuskeln sich verspannen, wissen wir, daß irgend etwas nicht in Ordnung ist. Dann legen wir besser eine Pause ein oder vertagen das Gespräch.

Mit frischen Kräften können wir die Kommunikation leichter »im grünen Bereich« halten. Vielleicht finden wir in der Zwischenzeit auch heraus, welche unausgesprochenen Botschaften ausgetauscht wurden, so daß wir entsprechend reagieren können. Oder unser Unbehagen beruht auf einem Mißverständnis; dann können wir das klären.

Da die Achtsamkeit auf körperliche Empfindungen zu den buddhistischen Grundübungen gehört, möchte ich diese erst im dritten Teil ausführlich vorstellen.

Gefühle und emotionale Reaktionen

Wahrnehmungen führen zu angenehmen, unangenehmen oder neutralen Gefühlen. Durch diese orientieren wir uns in der Welt und sichern unser Überleben. Oft bemerken wir sie aber nicht direkt, sondern schließen sie erst aus unseren emotionalen Reaktionen, welche heilsam sein können oder verblendet, also Leiden schaffend.

Im Kapitel über die heilsamen Haltungen habe ich die möglichen Reaktionen auf Gefühle ja bereits erläutert. Vielleicht erinnern Sie sich: Auf angenehme Gefühle reagieren wir meist mit Anhaftung; das heißt, wir möchten sie festhalten, wollen mehr davon oder fürchten, sie könnten bald wieder vergehen. Dadurch verschwinden sie aber nur um so schneller. Besser ist es, die angenehmen Gefühle dankbar zu genießen und mit anderen Menschen zu teilen.

Auf unangenehme Gefühle reagieren wir meist mit Abwehr der verschiedensten Art. Beispielsweise reagieren manche Menschen auf einen Angriff mit einem Gegenangriff oder mit Rückzug, Rache oder Minderwertigkeitsgefühlen. Oder sie lenken sich ab: Sie schauen sich Videos an, trinken Alkohol oder essen Schokolade. Andere stellen sich »emotional« tot oder versuchen, die Verletzung wegzudiskutieren. Abwehr kann zwar große Kräfte mobilisieren. Doch werden sie meist nur in Dramen, Aufregung und Schuldzuweisungen investiert, was auf Dauer sehr ermüdend ist. Außerdem entsteht dadurch meist Angst vor einer Gegenreaktion, zumindest unterbewußt. Wir werden also gebeutelt von aufgewühlten Emotionen und regredieren darum leicht zu einer unsicheren und aggressiven Vierzehnjährigen, zur vierjährigen Heulsuse oder zum dreijährigen Trotzkopf. Probleme können wir in einer solchen Verfassung kaum lösen. Wir schaffen nur zusätzliches Leid. Heilsamer ist es, mit Mitgefühl und Gleichmut auf unangenehme Gefühle zu reagieren.

Neutrale Gefühle sind am schwersten zu spüren. Meist finden wir sie so uninteressant, daß wir sie nicht beachten und damit einen großen Teil der Welt ausblenden. Das macht unser Leben arm. Darum wird empfohlen, auf neutrale Gefühle mit Offenheit und Interesse zu reagieren.

Die emotionalen Reaktionen habe ich bereits eingehend dargestellt, zum Beispiel in dem Kapitel über vier heilsame Haltungen, die schmerzhaften Emotionen und dem noch ausstehenden über »fünf Hindernisse«. Darum beschäftigen wir uns an dieser Stelle nur mit den grundlegenden Gefühlen, die unserer Aufmerksamkeit so leicht entgehen.

Übung: Unangenehme Gefühle

Erinnern Sie sich an etwas, das Sie gestört oder irritiert hat. Was hat die unangenehmen Gefühle ausgelöst? Lärm, schlechte Gerüche, ein fades Essen, Kopfschmerzen, Müdigkeit, körperliche Verspannungen? Welche Sinne waren beteiligt? Sehen, Hören, Riechen, Schmecken oder unmittelbare Körperempfindungen? Durch welche Sinne erleben Sie die meisten unangenehmen Gefühle?

Fragen Sie sich nun: Was kann ich in den nächsten Tagen tun oder lassen, um unangenehmen Gefühlen weniger Raum zu geben?

Übung: Angenehme Gefühle

Denken Sie an eine Situation der letzten Tage, in der Sie etwas sehr genossen haben: Eine Tasse Tee, den Sonnenschein, eine Begegnung, eine Lektüre, Musik, schöne Stoffe, Blumen, Düfte oder etwas anderes. Was hat die angenehmen Gefühle ausgelöst? Welche Sinne waren beteiligt? Sehen, Hören, Riechen, Schmecken, Spüren? Durch welche Sinne erleben Sie die meisten angenehmen Gefühle? Welche Gedanken, Hoffnungen und Tagträume bereiten Ihnen angenehme Gefühle?

Fragen Sie sich nun: Was kann ich in den nächsten Tagen tun oder lassen, um angenehmen Gefühlen mehr Raum zu geben?

Lassen Sie folgenden Gedanken auf sich wirken: Diese Situation beweist meine Freudfähigkeit. Darum werde ich immer wieder angenehme Gefühle erleben können.

Übung: Neutrale Gefühle

Denken Sie an eine Ihnen nur flüchtig bekannte Person, die keine emotionalen Reaktionen in Ihnen auslöst. Spüren Sie Ihre neutralen Gefühle, die ihnen sagen: An dieser Person gibt es nichts Interessantes zu sehen, nie sagt sie etwas Interessantes, es gibt nichts Interessantes über sie zu erzählen.

Fragen Sie sich: Weiß ich das, oder nehme ich es nur an?

Was wissen Sie über die Freuden und Leiden dieser Person, über ihre Vergangenheit und ihre Beziehungen, ihren Beruf und ihre Hobbys, ihre Träume, Hoffnungen und Befürchtungen? Wenn Sie mehr über sie wüßten, könnten Sie sich dann mehr für sie interessieren?

Fragen Sie sich nun: Was kann ich in den nächsten Tagen tun oder lassen, um mehr Offenheit und Interesse für sie zu entwickeln?

Grundstimmung

Oft bemerken wir nicht, wieviel wir mit Stimmung und Hintergrund zu unseren Gefühlen beitragen, sondern machen Menschen und Umstände für unsere Erfahrungen verantwortlich: Der Kollege ist eben schwierig und die Aufgabe kompliziert, die Planung chaotisch und die Frist zu kurz. Durch Achtsamkeit können wir unseren Beitrag erkennen.

Steckt uns beispielsweise eine Grippe in den Knochen, dann ist jede Aufgabe zu kompliziert. Kolleginnen, die wir mögen, finden wir selten schwierig und manche ihrer Schwächen sogar liebenswert. Sind wir erschöpft, dann ist jeder Termin zu kurzfristig, und jeder Hügel sieht aus wie die Eiger Nordwand.

Unsere Stimmung – die Brille, durch die wir schauen – wird also beeinflußt durch aktuelle Bedürfnisse und die körperliche Verfassung sowie durch Vorlieben und Abneigungen, zum Beispiel für bestimmte Menschen oder eine bestimmte Jahreszeit. Langfristig ist sie geprägt von unserem Temperament, unserem Charakter. Typologien können helfen, diesen zu erkennen. Natürlich gibt es diese Typen nicht in Reinkultur. Kein Mensch paßt in irgendeine Schublade. Doch es fördert die Selbsterkenntnis, wenn wir unsere Beobachtungen nach einem System sortieren können.

Die alten Griechen kannten vier Temperamente: die leichtherzigen Sanguiniker, die aufbrausenden Choleriker, die dickfelligen Phlegmatiker und die schwerblütigen Melancholiker. Die Konstitutionslehre verbindet Körperbau und Temperament anhand von drei Typen: die mageren, stillen und empfindlichen Leptosomen, die rundlichen, warmherzigen und gemütlichen Pygniker und die muskulösen, zielstrebigen und beharrlichen Athletiker.

Neben dem Enneagramm ist hierzulande besonders die astrologische Typologie bekannt und beliebt. Versteht man sie als psychologische Beobachtungswissenschaft, dann können ihre differenzierten Beschreibungen zu mehr Selbsterkenntnis führen. (*)

Um unsere Grundstimmung einzuschätzen, können wir uns auch an den fünf Hindernissen orientieren oder an den fünf schmerzhaften Emotionen. (*) Beim Durcharbeiten der entsprechenden Kapitel haben Sie sicherlich gespürt, welche Hemmnisse Ihren Charakter prägen. Den Gier- und den Haßtypus möchte ich hier ausführlicher beschreiben.

Habenwollen und Festhalten ist das Haupthindernis des Giertypus, zu dem mehr Frauen als Männer gehören. Ist die Anhaftung nicht allzu groß, dann können sie sich ganz gut an den schönen Dingen des Lebens freuen. Die Zukunft erscheint ihnen rosig, und mit der Arbeit nehmen sie es nicht so genau. Als Kolleginnen oder Kollegen sind sie recht angenehm: Harmonie liegt ihnen am Herzen, und sie können sich gut in andere einfühlen, weil sie etwas von ihnen wollen. Eine konsequente spirituelle Arbeit fällt ihnen allerdings schwer: Sie leiden zwar unter ihren Anhaftungen, doch selten stark genug, um ihre ganzen Kräfte darauf zu konzentrieren, sich von allem Leiden zu befreien.

Ganz anders der Haßtypus, der unter Männern häufiger zu finden ist als unter Frauen. Seine Abwehrhaltung macht ihn leiden. Immer hat er etwas auszusetzen. Überall sieht er nur Nachteile, Schwächen und Schwierigkeiten. Auch die Zukunft sieht für ihn düster aus. Weil er sich außerdem schnell über andere ärgert, ist mit ihm nicht gut Kirschen essen. Er kann sich aber beharrlich einsetzen für Dinge, die ihm wichtig sind, und dabei auch die größten Schwierigkeiten überwinden. Allerdings baut er dabei mehr auf den Verstand als auf das Gefühl. Lassen solche Menschen sich auf einen geistigen Weg ein, dann üben sie diszipliniert und kontinuierlich: Sie leiden sehr und wollen dem ein Ende setzen.

In der folgenden Übung richten wir unsere Aufmerksamkeit auf unsere aktuelle Stimmung und unser Temperament, um uns selbst immer besser kennenzulernen.

Übung: Stimmung

In welcher Stimmung befinden Sie sich im Moment? Wie äußert sie sich körperlich? Durch Verspannung, Mattigkeit oder ein lebendiges Pulsieren? Welche Farbe würden Sie ihr zuschreiben und welche Formen? Vielleicht möchten Sie ein Bild dazu malen oder ein Gedicht schreiben.

Ist diese Stimmung Ihnen sehr vertraut? Tritt sie in bestimmten Situationen immer wieder auf? Führt sie zu angenehmen oder unangenehmen Gefühlen?

In welcher Stimmung befinden Sie sich am häufigsten? Beschreiben Sie sich anhand der vorgestellten Typologien als ein bestimmtes Mischungsverhältnis der einzelnen Typen.

Was können Sie jetzt tun, um Ihre Stimmung zu verbessern?

Gedanken

Zu unserem allgemeinen Hintergrund gehören auch die Gedanken: Meinungen und Ansichten, Ansprüche und Erwartungen, Hoffnungen und Befürchtungen. Mit etwas Achtsamkeit erkennen wir: Was wir denken, sind nur Gedanken; es ist nicht die Wirklichkeit. Das befreit und schafft Raum für Veränderung.

Oft identifizieren wir uns allerdings viel zu stark mit unseren Gedanken. Wenn wir beispielsweise über eine Kollegin denken: »Diese unzuverlässige Person! Warum kann sie sich nicht an ihre Zusagen halten? Es ist immer dasselbe mit ihr!«, dann glauben wir felsenfest, diese Person sei so, wie wir sie gerade sehen. Ärgern wir uns über uns selbst, passiert dasselbe: »Wenn ich mich bloß nicht so dumm angestellt hätte, dann hätte ich ihn bestimmt überzeugt.« Oder: »Hätte ich damals bloß den Mund gehalten, dann wären wir heute noch zusammen.« Doch im Grunde wissen wir es nicht. Wir denken es nur.

Leider glauben wir unseren Gedanken meist unbesehen. Denke ich zum Beispiel: »Ich habe keine Zeit«, dann glaube ich das auch. Die kleinste Veränderung kostet dann enorm viel Kraft. Erkenne ich den Gedanken aber als Gedanken, dann gewinne ich Abstand, so daß ich prüfen kann, ob er überhaupt stimmt. Vielleicht fühle ich mich ja nur unter Zeitdruck, weil ich erschöpft bin oder nur an das Ergebnis denke. Dann kann ich eine Pause machen, die Gedanken loslassen und mich entspannen durch ein paar Schritte oder einen Blick zum Himmel. – Und schon »habe« ich wieder Zeit.

Gedanken werden oft zu größeren geistigen Gebilden zusammengefügt, und wir erleben alle möglichen inneren und äußeren Dramen, wenn wir zum Beispiel unsere Eltern imitieren, das »innere Kind« ignorieren oder das »Drama des begabten Kindes« ausleben (*).

Es erfordert viel Interesse, Zeit und Energie, diese Muster zu erkennen. Und selbst dann werden manche Gedankenschleifen sich wohl noch eine Weile halten. Doch die Mühe lohnt sich. Das Leben wird einfacher, wenn wir zum Beispiel den Gedanken: »Ich bin absolut unmöglich!« als Gedanken erkennen, statt ihn für »die Wirklichkeit« zu halten. Mit der Zeit gewinnen wir Distanz zu unseren Gedanken und inneren Bildern, erkennen unsere Strukturen und gewinnen Kraft und Phantasie für Veränderungen.

Die Gedankenbeobachtung zählt – wie die Achtsamkeit auf den Körper – zu den grundlegenden buddhistischen Übungen, die ich ebenfalls erst im dritten Teil ausführlicher vorstellen möchte.

Wahrnehmen befreit

Wenn wir beginnen, unsere Achtsamkeit zu entwickeln, geraten wir leicht in die »Kontrollfalle«: Wir wollen sofort ändern, was uns nicht gefällt an unseren Gefühlen und Gedanken, Stimmungen und Körperempfindungen, ohne diese wirklich zu erleben.

Das aber ist unerläßlich. Zuerst müssen wir wissen, was geschieht, innen und außen. Dem sollten wir uns stellen und es annehmen. Deshalb brauchen wir nicht gleich darin zu schwelgen oder alles zu rechtfertigen. Wir beobachten ganz einfach, wie diese Phänomene aufsteigen, für eine Weile da sind und dann wieder verschwinden. Ganz von allein. Vorausgesetzt, wir wehren sie nicht ab, denn Druck erzeugt Gegendruck. Gedanken, die wir verscheuchen wollen, sind sehr anhänglich.

Was können wir aber tun, wenn wir unter unseren Gedanken, Gefühlen und Taten leiden? Sie abzulehnen, zerstört den Frieden des Herzens. Dann sind wir angespannt, der Horizont verengt sich, und wir handeln töricht. Im Theravada-Buddhismus (*) wird vor allem der Wille zum Guten betont, das Bemühen, heilsam zu handeln. Ayya Khema faßt die Anweisungen so zusammen: »Erkennen, nicht tadeln, ändern.« (*)

Der Mahayana-Buddhismus (*) betont die Bedeutung einer neuen Sicht der Welt. So heißt es dort sinngemäß: »Wahrnehmen befreit«. Schauen wir uns unser Verhalten, unsere Gewohnheiten, emotionalen Muster und Gedankenschleifen viele Male sehr genau an, ohne sie abzulehnen oder zu verstärken, entsteht Raum für eine tiefere Weisheit. Damit wir die Stimme dieser tiefen Weisheit vernehmen können, brauchen wir einen ruhigen und offenen Geist und sehr viel Achtsamkeit, Einblick und Klarblick. Solange wir uns von aufgewühlten Emotionen und eingefahrenem Verhalten in immer gleiche Konflikte schleudern lassen, können wir noch nicht auf unsere innere Weisheit hören. Wir tun dann besser daran, unsere Achtsamkeit mit Hilfe ethischer Regeln zu schärfen und den Willen zum Guten zu stärken.

Gedanken können heilen

Durch sorgfältige Selbstbeobachtung erkennen wir die Gedankenschleifen, in denen wir ständig kreisen. Beliebt sind: »Keine Zeit.« »Böse Welt.« »Das schaffe ich nie.« Erkennen wir diese Gedanken als Gedanken, können wir sie für Momente loslassen. Wir können aber noch mehr tun, nämlich heilsame Gedanken einüben. Vor allem in guten Zeiten. Dann können wir darauf zurückgreifen, wenn es uns einmal schlecht ergeht.

Affirmationen aus dem »positiven Denken« sind sehr beliebt und auch nützlich, wenn damit keine negativen Muster verdrängt werden. Haben wir uns aber der Situation gestellt und unsere Stärken und Schwächen realistisch eingeschätzt, dann können wir heilsame Gedanken säen und diese »Samen des Glücks« (Thich Nhat Hanh) durch unsere Übung wässern, damit neue Emotionen und Verhaltensweisen blühen können. (*)

Menschen im Westen gehen dabei allerdings oft mit preußischer Disziplin zu Werke. Sie setzen sich unter Druck und erwarten zuviel von sich. Förderlicher sind Interesse und Geduld, Leichtigkeit und Experimentierfreude. So empfiehlt Akong Rinpoche als Einstellung für die Übung: »Keine große Sache. Keine Erwartungen.« (engl.: no big deal, no expectations.) (*) Und Lama Yeshe empfahl: »Entspanne dich. Laß los. Gut genug.« (engl.: relax, let go, good enough.) (*) Besonders »good enough« ist unbezahlbar: Alles, was jetzt ist, alles, was Sie jetzt zustande bringen, ist gut genug. Ihre Wohnung ist gut genug, auch wenn sie nicht nach Feng-Shui-Prinzipien eingerichtet ist. Ihre Meditation ist gut genug, auch wenn Ihre Gedanken immer wieder abschweifen. Und Sie sind gut genug, auch wenn Sie diese Nulldiät nicht machen, die Gehaltserhöhung nicht bekommen und in Ihrer Psychogruppe keine Wutschreie ausstoßen können. Wie können wir noch leiden, wenn wir tief im Herzen wissen: Alles ist gut, wie es ist.

Positiven Veränderungen müssen wir uns darum nicht verschließen, denn »good enough« ist auch der Wunsch nach Veränderung und der Versuch, ihn umzusetzen, wenn wir zum Beispiel durch heilsame Gedanken einen Tendenz zum Guten setzen wollen, zu mehr Offenheit, Klarheit und Feinfühligkeit.

Übung: Heilsame Gedanken säen

Entscheiden Sie sich für einen der vorgeschlagenen Sätze – »Entspanne dich.« »Laß los.« »Gut genug.« – oder wählen Sie einen anderen, der Sie mehr anspricht, zum Beispiel: »Ich bin gesund und stark.« »Ich ruhe in Liebe.« »Ich fühle mich wohl und geborgen.« Wiederholen Sie diesen Satz innerlich eine Woche lang bei einer bestimmten Gelegenheit, zum Beispiel wenn Sie mit der U-Bahn oder dem Fahrstuhl fahren, auf dem Weg zur Kantine oder immer, wenn das Telefon klingelt.

»Die Energie folgt der Aufmerksamkeit«, heißt es bei den Kahunas auf Hawaii analog zu dem traditionell buddhistischen Bild, in dem die Achtsamkeit mit der Person auf dem Kutschbock verglichen wird. Das erste Paar Pferde – Konzentration und Energie – werden wir im nächsten Kapitel betrachten.

Konzentration und Energie

Wie bereits erwähnt, gehören Konzentration und Energie zu den »paarigen« Fähigkeiten, die gleich stark entwickelt sein sollten.

Durch Konzentration können wir unsere Energie auf einen Punkt ausrichten, um zum Beispiel etwas zu lernen oder einem Gespräch zu folgen, zu meditieren oder zu arbeiten. Dazu brauchen wir natürlich auch Energie, die wir bündeln können. Sonst begreifen wir nicht recht, worum es geht, arbeiten lustlos und mechanisch oder dösen auf dem Meditationskissen vor uns hin. Als eine Form geistiger Trägheit – also mangelnder Energie – gilt auch, nicht offen zu sein für neue Bereiche. Hierzu neigen vor allem Männer, die sich gern auf ein, zwei Spezialgebiete konzentrieren, während der Rest der Welt an ihnen vorüber geht.

Andererseits kommen wir mit viel Energie und wenig Konzentration auch nicht weiter. Dann springen wir unruhig von einem Thema zum nächsten, von einer Arbeit zur anderen. Tausend Ideen schießen uns durch den Kopf, tausend Projekte fangen wir an. Doch wir bringen nichts zu Ende und können unsere Ideen nicht umsetzen. Diese Kombination – wenig Konzentration und viel Energie – ist häufig bei dem lustbetonten Giertypus anzutreffen, also vermehrt bei Frauen.

Prioritäten setzen

Etwas weiter gefaßt bedeutet Konzentrationskraft, klare Prioritäten zu setzen. Frauen fällt das oft nicht leicht. Je weniger Selbstwertgefühl sie haben, desto eher richten sie sich nach den Bedürfnissen anderer, anstatt eigene Ziele zu verfolgen.

Prioritäten zu setzen wird zum Beispiel in Management-Kursen gelehrt. Dort werden zuerst die anstehenden Projekte aufgelistet und nach Priorität geordnet. So wird klar, was am vordringlichsten zu tun ist in diesem Jahr, in den nächsten Monaten und schließlich an jedem Tag. Dabei wird auch geklärt: Was muß ich selbst tun? Was kann ich an wen delegieren? Und wie lange brauche ich für die einzelnen Arbeiten? Erst dann können Terminpläne aufgestellt werden, inclusive Pausen und Zeitpuffer für unvorhergesehene Zwischenfälle.

Wenn wir unser Leben managen wollen, können wir ähnlich vorgehen. Wir fragen uns: Was ist wichtig, heute und langfristig? Was muß ich dafür tun? Wie lange dauert das? Was muß ich selbst tun, und was kann ich anderen überlassen? Haben wir alles abgeklärt, stehen wir weniger unter Druck und haben mehr Energie für das, was uns Freude macht und wichtig ist.

Manchmal stellen wir allerdings fest, daß wir uns nicht an unsere Prioritätenliste halten. Ganz oben steht dann vielleicht: Weiterbildung, Lesen, Meditation oder etwas mit den Kindern unternehmen, doch haben wir kaum Zeit und Kraft dafür. Statt dessen verbringen wir viel Zeit mit dem, was ganz unten steht: fernsehen, aufräumen oder sich am Büroklatsch beteiligen. Vielleicht sind wir oft zu müde, etwas Sinnvolles zu tun. Doch überarbeiten wollten wir uns eigentlich auch nicht mehr. Was ist da los? Haben wir etwa noch eine zweite, »geheime« Prioritätenliste? Tatsächlich könnte dort etwas anderes an erster Stelle stehen, zum Beispiel »soziale Anerkennung«, und dafür arbeiten wir dann mehr, als uns gut tut. Oder in Wirklichkeit ist »persönliche Zuneigung« für uns am wichtigsten. Dann passen wir uns vielleicht zu sehr an andere an. Viele Frauen definieren sich über ihre Funktion für andere und »brauchen« das Gebrauchtwerden noch mehr als Zeit für eigene Interessen und eigentlich nötige Ruhepausen.

Wir können unsere »wirklichen« Prioritäten klären, wenn wir

Einstellung, Verhalten und die Folgen für uns und andere beobachten. Hierzu soll die folgende Übung einen ersten Anstoß geben.

Übung: Prioritäten setzen

Fragen Sie sich: Was ist mir am wichtigsten im Leben? Beziehungen, Arbeit, Erfolg, Anerkennung, Status, Geld, Erkenntnisse, innere Ruhe, Gesundheit, körperliches Wohlbefinden, neue Kontakte, unstrukturierte Zeit, Zeit für mich selbst?

Fragen Sie sich dann: Wofür wende ich viel Zeit auf? Welche Bereiche »bekommen« viel Energie? Für welche Bereiche habe ich wenig Zeit und Energie übrig?

Befinden sich Prioritäten und Energieaufwand im Gleichgewicht? Wofür verwenden Sie eigentlich zuviel Zeit? Wofür haben Sie zuwenig?

Welche geheimen Prioritäten stecken hinter Ihrem Verhalten?

Fragen Sie sich zum Schluß: Was kann ich tun oder lassen, damit Prioritäten und Energieaufwand ins Gleichgewicht kommen?

Rechtes Bemühen

Empfehlungen dazu, wie wir unsere Energie in eine heilsame Richtung lenken können, geben uns die buddhistischen Lehren vom »rechten Bemühen«, einem Element des achtfachen Pfades, den ich im dritten Teil vorstellen möchte. Die traditionelle Beschreibung lautet sinngemäß:

> Wenn heilsame Gedanken aufsteigen, fördern wir sie.
> Wenn keine heilsamen Gedanken aufsteigen, wecken wir sie.
> Wenn unheilsame Gedanken aufsteigen, lassen wir sie gehen.
> Wenn keine unheilsamen Gedanken aufsteigen, lassen wir keine entstehen.

Optimistische Menschen verfahren so mit angenehmen und unangenehmen Gedanken. Wenn sie an den letzten Urlaub denken oder eine schöne Landschaft sehen, kommen ihnen sofort weitere schöne Bilder und Erinnerungen, oder sie schmieden leuchtende Zukunftspläne. Auch ohne einen direkten Anlaß. Geschieht etwas Unangenehmes, denken sie: »Alles halb so wild. Ich habe schon Schlimmeres überstanden.« Und dann lassen sie die unangenehmen Gedanken los.

Pessimisten verhalten sich genau umgekehrt. Nach einem Beinahe-Unfall malen sie sich die schrecklichsten Katastrophen aus und denken an alle Unfälle, die sie je gehabt haben, haben könnten oder hätten haben können. Und wenn sie im Moment keine Probleme haben, machen sie sich Sorgen um die Zukunft oder grämen sich wegen vergangener Mißhelligkeiten. Selbstverständlich dürfen Schwierigkeiten nicht ignoriert werden, denn wie könnten wir etwas ändern, ohne hinzusehen? Doch darin suhlen müssen wir uns nicht.

Auf dem spirituellen Weg geht es allerdings weniger um angenehme Gedanken und Gefühle, die ja nur kurzfristig glücklich machen und leicht in Enttäuschung umschlagen, sondern es geht um Heilsames, das langfristig Glück und Frieden schenkt, schmerzhafte Muster auflöst und Einsicht, Offenheit und Mitgefühl wachsen läßt.

Hierzu ein Beispiel: Wir finden, unsere Mitarbeiterin arbeitet zu langsam. Nun können wir sie kritisieren und zur Arbeit antreiben. Dann macht sie vermutlich Fehler, oder sie wird bockig und arbeitet noch langsamer. Jedenfalls leidet sie unter der schlechten Stimmung. Ändern wird sie sich aber nicht. Schon gar nicht durch Druck und Vorwürfe. Wie könnten wir geschickter reagieren? Zuerst einmal können wir den Zündstoff aus der Situation nehmen, wenn wir uns erinnern: Gedanken und Stimmungen sagen nichts über eine objektive Wirklichkeit, sondern spiegeln unsere innere Verfassung. Vielleicht sehen wir ständig nur die Schwächen, auch an uns. Lernen wir, uns auf unsere Stärken zu besinnen und diese zu fördern, dann gelingt uns das auch bei anderen. Vielleicht stellen wir dann fest: Die Kollegin ist zwar langsam, dafür aber umso gründlicher. Und sie ist Gold wert, wenn sie für gute Stimmung sorgt. Freuen wir uns also über ihre Stärken, statt uns über ihre Schwächen zu ärgern. Dann arbeiten wir entspannter miteinander. Die Kollegin fühlt sich nicht mehr unter Druck und arbeitet womöglich sogar schneller. Vielleicht entdecken wir hinter ihrer Schwäche noch weitere Stärken, zum Beispiel die, ihre Kräfte klug einzuteilen. Eine andere Person, die uns zwanghaft erscheint, ist vielleicht nur gründlich und gut organisiert. Und hinter der unproduktiven Träumerin verbirgt sich womöglich eine Visionärin.

Es ist allerdings nicht leicht, eingefahrene Denkgeleise zu verlassen. Dazu bedarf es Achtsamkeit, Geduld und Einsicht. Und viel Übung.

Übung: Rechtes Bemühen

Denken Sie an eine schwierige Beziehung und fragen Sie sich:
Was irritiert mich, was stört mich? Wie reagiere ich darauf?
Wie wirkt sich diese Reaktion auf die Beziehung aus?
Welche Stärken hat diese Person? Wie kann ich diese fördern?

Konzentration und Energie durch Freude

Wieviel Energie haben wir doch für Dinge, die uns Freude machen, und wir können uns mühelos auf sie konzentrieren. Das bedeutet: Durch Freude können wir Konzentration und Energie entwickeln.

Unter anderem entsteht Freude, wenn wir vollkommen gegenwärtig sind, mit allen Sinnen wahrnehmen, mit ganzem Herzen bei der Sache sind, losgelöst und selbstvergessen, wie Kinder ihre Sandburgen bauen. (*) Sie gehen auf im freudigen Tun und denken nie: »Die Burg muß aber mindestens einen Meter fünfzig hoch werden. Und um vier muß ich damit fertig sein. Spätestens um viertel nach. Oje, hoffentlich schaffe ich das auch!« Moderne ArbeitspsychologInnen raten ebenfalls, nicht am Ergebnis zu kleben, sondern sich ganz auf den Prozeß zu konzentrieren. Natürlich müssen wir unsere Arbeit planen. Danach aber sollten wir keine Energie mehr verschwenden, indem wir an das Ergebnis denken, sondern uns ganz auf die ersten Schritte konzentrieren. Eine Reise von tausend Meilen beginnt mit dem ersten Schritt, lautet ein chinesisches Sprichwort. Auch der größte Abwasch beginnt mit der ersten Tasse und jedes Buch mit dem ersten Satz. Und so machen wir weiter, Satz für Satz, Tasse für Tasse. Überlegen wir ständig, was wir noch alles tun und bis wann wir fertig sein müssen, haben wir wenig Freude an der Arbeit.

Selbstverständlich können wir auch geeignete Anlässe zur Freude suchen: Menschen oder eine Arbeit, die wir mögen; Dinge, die Herz und Sinne erfreuen. Im religiösen Bereich schuf man darum schöne Tempel und Kirchen, Bilder und Statuen, Liturgien und Schriften. Sie sollten die Aufmerksamkeit aber nicht nur wecken, sondern auch in eine heilsame Richtung lenken: hin zu Weisheit, Liebe und Mitgefühl, Offenheit, Klarheit und Feinfühligkeit. Und natürlich sollten sie keine Anhaftung wecken, also den Wunsch, das alles nun selbst haben und festhalten zu müssen. Werden Anlaß und Ursache aber nicht verwechselt, dann können wir Dinge, Menschen und Umstände ohne Anhaftung genießen.

Freude am Heilsamen

In den buddhistischen Lehren heißt es: Die größte Freude ist die am Heilsamen, an dem, was uns und anderen gut tut. Spüren wir einmal nach, wann wir wirklich glücklich waren, vielleicht auf einem Waldspazierung, wenn wir gute Arbeit geleistet haben oder helfen konnten. Haben wir echte Freude nicht immer dann erlebt, wenn wir uns oder anderen etwas Gutes getan haben?

Leuchtendes Vorbild sind hier die Bodhisattvas im Mahayana-Buddhismus (*): Menschen, die die Erleuchtung nicht nur für sich selbst anstreben – also um ihre eigenen Probleme zu überwinden und ihre Fähigkeiten zu entfalten –, sondern für alle Menschen und Lebewesen. Sie wissen: Am wirksamsten können sie ihnen als Buddhas helfen. (*) Darum üben sie sich nicht nur in den Bereichen des achtfachen Pfades, sondern auch in sechs großen Haltungen: Großzügigkeit, Ethik, Geduld, Sammlung, Weisheit und freudige Ausdauer. (*) Das braucht viel Kraft, und die haben sie durch ihre unbändige Freude am Heilsamen.

Uns selbst mag es (noch) nicht um die volle Erleuchtung zum Wohl aller Wesen gehen. Trotzdem können wir von den Bodhisattvas viel lernen: Wir können darauf achten, ob uns die Arbeit Freude macht – das muß nicht gleich die reine Glückseligkeit sein – und ob sie uns und andere in ihrer Entwicklung fördert. Stimmt die Richtung, werden Energie und Tatkraft wachsen.

Müdigkeit und Trägheit überwinden

Energie können wir auch entwickeln, indem wir Müdigkeit und Trägheit überwinden. Natürlich sind wir manchmal zu Recht müde oder gar erschöpft. Achten wir auf unsere körperlichen Empfindungen, dann spüren wir, wann eine Erholungspause nötig ist.

Doch kann Müdigkeit auch andere Ursachen haben, nämlich Abwehr, Selbstzweifel oder falsche Prioritäten – Energie-Vampire, durch die wir vielleicht immer unter unseren Möglichkeiten bleiben und die im folgenden ausführlicher beschrieben werden sollen.

Abwehr

Manches schaffen wir einfach nicht, weil wir keine Lust dazu haben. Wir brauchen bloß daran zu denken, schon sinkt unser Energiepegel auf Null. Wieder heben können wir ihn entweder durch Freude oder indem wir direkt mit der Abwehr arbeiten. Hierzu untersuchen wir zunächst einmal, was genau wir ablehnen: die Tätigkeit selbst oder die beteiligten Personen.

Liegt es an den Personen, dann können wir – wie oben beschrieben – an unserer Haltung arbeiten und uns fragen: Hat diese Person wirklich nur schlechte Eigenschaften? Mit etwas Phantasie und Ausdauer werden wir ihre Stärken entdecken und unsere Abwehr abbauen.

Liegt diese in der Tätigkeit selbst begründet – ist sie uns vielleicht zu unwichtig oder langweilig –, dann fragen wir uns: Können wir auf sie verzichten? Oder ist sie das Wehrmutströpflein in einer Arbeit, die wir ansonsten gerne machen. Jemand schreibt vielleicht gern Artikel, mag sie aber nicht ausfeilen, mit Redaktionen verhandeln und den Schreibtisch aufräumen. Eine leidenschaftliche Köchin sträubt sich vielleicht gegen das Einkaufen und Geschirrspülen. Und jemand anders unterrichtet gern, wehrt sich aber gegen schwierige Kinder, autoritäre Vorgesetzte und langweilige Schul- und Elternversammlungen. In solchen Fällen hilft ein Blick auf die Arbeit, die wir mögen, eine umfassende Würdigung und Wertschätzung. Dann wehren wir uns weniger gegen die ungeliebten Nebentätigkeiten, so daß sie uns leichter von der Hand gehen. Besonders, wenn wir unser köperliches Wohlbefinden gesteigert haben, zum Beispiel durch Bewegung, Entspannung oder frische Luft.

Manches finden wir allerdings nicht nur langweilig, sondern extrem unangenehm. Und manchmal machen unsere Mitmenschen uns die Hölle heiß. Doch auch Konflikte und Schwierigkeiten haben ihr Gutes: Wir können daraus lernen; wir können daran wachsen. Manche Menschen entwickeln gerade in Katastrophenfällen ihre besten Seiten wie Geduld und Einsicht, Flexibilität und Kompetenz. Konflikte können sich manchmal sogar in spannende Abenteuer verwandeln, wenn wir sie von der sportlichen Warte sehen: »Mal sehen, ob ich heute nicht ruhig bleiben kann, wenn die Kollegin mir zum hundertsten Mal von ihren schrecklichen Nachbarn erzählen will.« Diesen Sportsgeist können wir ständig üben: »Mal sehen, ob ich der verpaßten U-Bahn nicht lächelnd nachwinken kann. Vielleicht wartet in der nächsten ja etwas besonders Schönes auf mich.« Wenn diese Haltung in Fleisch und Blut übergeht, trägt sie auch durch widrige Umstände.

Selbstzweifel

Werden wir trotz Interesse und ausreichender Erholung plötzlich extrem müde, dann trauen wir uns die Arbeit vielleicht nicht recht zu: Die Steuererklärung, ein klärendes Gespräch mit dem Kollegen X, eine Rede auf der Betriebsversammlung. Möglicherweise haben wir uns – vielleicht wegen unterschwelliger Minderwertigkeitsgefühle – auch zuviel auf einmal vorgenommen. Dann wollen wir beispielsweise gleich den ganzen Keller aufräumen oder die beste Magisterarbeit des Jahrhunderts schreiben. Damit wären wir aber vermutlich überfordert. Also flüchten wir uns in Müdigkeit oder gar Krankheit, so daß wir aufhören, weglaufen können und darum nie erfahren, ob wir mit der Arbeit tatsächlich überfordert wären. Oft hilft es, sie einfach anzupacken. Einmal bekam ich vier Tage nach einem Vortrag über dieses Thema eine Karte: »Ich habe noch am selben Abend meinen Fernseher neu programmiert, und es hat geklappt.« Haben wir uns zuviel auf einmal vorgenommen, können wir die Arbeit in kleine Schritte aufteilen und kommen so zu einer Reihe von Erfolgserlebnissen, die uns immer wieder neuen Schwung geben.

Durch »fortgesetzte Hinwendung«, wie dieses Heilmittel in den buddhistischen Lehren heißt, wächst unsere Kompetenz. Das mindert Sorgen, Ängste und Minderwertigkeitsgefühle. Mit der Zeit können wir uns auch immer besser einschätzen: Wir unterfordern uns nicht, was nur unzufrieden macht; andererseits überfordern wir uns auch nicht, so daß wir unsere Zusagen einhalten können. Vorgesetzte und MitarbeiterInnen werden das zu schätzen wissen.

Falsche Prioritäten

Müde werden wir auch, wenn wir in rastloser Tätigkeit unsere Energie an Unwesentliches verschwenden, vielleicht aus Gewohnheit oder Anpassung, innerer Unruhe oder dem Wunsch nach Anerkennung oder Zuwendung. Für wesentliche Dinge, für das, was wirklich glücklich macht, bleibt dann keine Zeit und Kraft. Das empfohlene Heilmittel heißt darum: Prioritäten klären.

Doch was sind die wesentlichen Dinge im Leben? Eine christliche Antwort lautet: die Schätze, die uns im Himmel bleiben, die Rost und Motten nicht fressen. Auch im Buddhismus wird manchmal auf künftiges Glück verwiesen, auf die Ansammlung von gutem Karma für das nächste Leben. Doch bedeutet dies auch, sich weniger um »weltliche« Dinge zu kümmern, weil diese – anders als unsere innere Haltung – uns kein dauerhaftes Glück schenken können.

Andere Aussagen betonen mehr die Gegenwart. Denken wir nur an Jesu Ausspruch vom Himmelreich in unserem Herzen oder von den Lilien auf dem Felde: »Sie säen nicht und ernten nicht, und der himmlische Vater ernährt sie doch.« Das erinnert sehr an die buddhistische Empfehlung, im Hier und Jetzt präsent zu sein, denn nur dieser Augenblick ist real. Das Morgen kommt nie, das Gestern ist vorbei. Wir leben immer jetzt. Thich Nhat Hanh erzählt gerne eine Geschichte, die er bei Leo Tolstoj gelesen hat: Ein König fragt einen Weisen, was die wichtigste Zeit, der wichtigste Mensch und die wichtigste Aufgabe sei. Der Weise antwortet: Das Jetzt ist der wichtigste Augenblick. Die Person, die vor dir steht, ist der wichtigste Mensch, und das, was jetzt getan werden muß, ist die wichtigste Aufgabe. (*)

Entsprechend zu leben gelingt natürlich nicht von heute auf morgen. Alle hier empfohlenen Heilmittel sind wirksam, aber kein Instantpulver zu einem glücklichen Leben, denn zuerst einmal müssen wir merken, was wir tun. Wieder und wieder, Tausende von Malen. Mit der Zeit wächst unsere Einsicht in unsere Strukturen und damit auch der Überdruß. Erst dann können wir in kleinen und für uns möglichen Schritten etwas daran ändern. Wir fassen also nicht den Vorsatz, uns nie wieder Sorgen zu machen, sondern die Sorgen jetzt einmal für fünf Minuten loszulassen. Das mag wenig erscheinen, doch viele kleine Schritte summieren sich zu großen Wanderungen.

Unerläßlich ist also die Einsicht in das, was wir tun, und in unsere inneren Strukturen. Im Zusammenspiel mit Vertrauen ist Einsicht das Thema des nächsten Kapitels.

Vertrauen und Einsicht

Konzentration und Energie müssen ebenso ausbalanciert werden wie Vertrauen und Einsicht, Herz und Verstand: Wir müssen wissen, was wir tun, und wir müssen mit ganzem Herzen bei der Sache sein.

Mit viel Vertrauen und wenig Einsicht sind wir schnell Feuer und Flamme für Menschen und Dinge, doch wir lassen uns leicht täuschen, ausnutzen und manipulieren. Außerdem sind wir dann recht sprunghaft: Ständig lassen wir uns von etwas Neuem begeistern.

Menschen im Westen neigen allerdings eher zu dem anderen Extrem: Klarheit und Einsicht ohne Herz und Vertrauen. Sie sind skeptisch und mißtrauisch, möchten alles im voraus regeln und sich gegen alle Eventualitäten absichern. Oft werden auch Pläne am grünen Tisch gemacht, ohne sich in die beteiligten Menschen einzufühlen. Diese ziehen dann womöglich in eine neue Siedlung – ohne Spielplatz und Seniorenheim.

Drei Arten von Vertrauen

Jeder Schritt voran ist ein Schritt ins Unbekannte. Letztendlich wissen wir nicht, ob wir an einen guten Ort gelangen werden. Wir können nur darauf vertrauen und uns auf der Ebene des Herzens mit den beteiligten Menschen und Dingen verbinden. Im Buddhismus kennt man drei Arten von Vertrauen, die sich in der Tiefe der damit verbundenen Einsicht unterscheiden: direktes

Vertrauen, überzeugtes Vertrauen und solches, das mit einem Herzenswunsch verbunden ist. (*)

Direktes Vertrauen entsteht ohne größere Prüfung: Eine Person erscheint uns auf dem ersten Blick als vertrauenswürdig oder eine Sache als vorteilhaft. Möglicherweise folgen wir auch dem Urteil einer Autoritätsperson.

Überzeugtes Vertrauen geht tiefer. Wir schauen nicht nur auf offensichtliche Vorteile und verlassen uns nicht auf den äußeren Schein, sondern überprüfen alles und holen den Rat vertrauenswürdiger Menschen ein. Dann denken wir gründlich über alles nach. Ist die Situation heilsam? Sind die beteiligten Menschen vertrauenswürdig? Fühlen wir uns offen für sie? Verbunden mit ihnen? Sind diese Fragen geklärt, dann fällen wir unsere Entscheidung, die fundierter und belastbarer ist als ein Hals-über-Kopf-Entschluß im Strohfeuer der ersten Begeisterung.

Große Lebensentscheidungen werden aufgrund der dritten Art von Vertrauen gefällt: Vertrauen, das mit einem Herzenswunsch verbunden ist. Das kann der Wunsch nach Neuem sein, nach Intensität oder nach dem Wesentlichen. Mit dieser Sehnsucht im Herzen und Vertrauen in das Unbekannte lassen wir uns auf die Liebe ein oder gründen ein eigenes Geschäft, übernehmen ein Ehrenamt oder ein neues Projekt. Oder wir begeben uns auf einen spirituellen Weg, ohne wirklich zu wissen, was Befreiung, Erwachen oder Erleuchtung ist. Doch wir sehnen uns danach; wir wollen erwachen. Berücksichtigen wir dabei auch unsere Erfahrung und Intelligenz, unser Wissen und den Rat vertrauenswürdiger Menschen, dann führen solche Entscheidungen uns an einen Ort, an dem wir unsere Lebensenergie am besten ausdrücken und ein erfülltes Leben leben können.

Vertrauen fördern

Vielen Menschen fehlt es jedoch an Vertrauen: Sie können sich nicht mit ganzem Herzen auf eine Sache oder eine andere Person einlassen oder sich auch nur in sie einfühlen. Sie sind kühl und distanziert und identifizieren sich stark mit ihrem Denken, setzen ihre Theorien aber selten praktisch um, sondern geben sie – meist ungefragt – an andere weiter. Oft sind sie dabei dogmatisch und rechthaberisch und können darum wenig Neues lernen.

Ihnen tut es not, die emotionale Verbindung mit anderen Menschen wieder zu spüren. Tatsächlich können wir nicht einmal eine Banane essen, ohne gleich mit vielen Menschen verbunden zu sein: mit denen, die auf der Plantage arbeiten und auf dem Schiff, in Lagern und Häfen, auf dem Markt und im Geschäft. Denken wir auch an die Menschen, Tiere und Pflanzen, die an unserer Kleidung mitgewirkt haben. Wir sind auf sie angewiesen und mit ihnen verbunden. Noch mehr gilt das für die Menschen, mit denen wir täglich beisammen sind. Öffnen wir unser Herz, so können wir diese Verbindung spüren. Hilfreich sind dabei auch die vier großen Haltungen: Liebe, Mitgefühl, Mitfreude und Gleichmut. (*) Sie fördern Vertrauen, Offenheit und Hingabe.

Selbstvertrauen

Vertrauen entsteht auch durch Selbstvertrauen, dem Vertrauen in die eigenen Kräfte. Kinder entwickeln es in einem einigermaßen freundlichen und stabilen Elternhaus. Doch auch religiöse Lehren und Weltanschauungen können das Selbstvertrauen stärken. Im Buddhismus wird gelehrt: Alle Menschen, ja alle Lebewesen, haben Buddha-Natur, jene grundsätzliche Offenheit, Klarheit und Feinfühligkeit, und sie sind begabt mit den fünf Fähigkeiten. Schwierige Lebensumstände mögen uns zeitweise daran hindern, sie zu entfalten. Doch grundsätzlich sind sie immer da. Darum ist jeder Mensch wertvoll und keiner je verloren.

Einsicht

Damit das Vertrauen uns nicht auf Irrwege führt, brauchen wir Einsicht. Zwei Arten werden unterschieden: begriffliches und nichtbegriffliches Verstehen.

Begriffliches Verstehen geschieht mit Hilfe von Bildern und Begriffen, Vorstellungen und Konzepten. Wir verstehen Aussagen, wenn sie in sich logisch sind und im Einklang stehen mit unserer Lebenserfahrung, unserem Wissen und dem, was wir für wahr halten. Dieses Verstehen wird im Buddhismus nicht verachtet, aber auch nicht für das höchste gehalten, weil es sich nur indirekt, über den Verstand, vermittelt, ohne eine Verbindung auf der Ebene des Herzens, ohne Vertrauen. Außerdem ist dieses Verstehen dualistisch, das heißt, Subjekt und Objekt werden als getrennt voneinander wahrgenommen.

Nichtbegriffliche Einsicht ist nicht-dualistisch und wird manchmal auch intuitives Wissen genannt oder innere Schau. Sie kennen das vielleicht aus dem Alltagsleben. Das Telefon klingelt, und Sie wissen intuitiv, wer anruft. Das fühlt sich anders an als bloßes Hoffen oder Wünschen: ruhiger, klarer, unaufdringlicher und doch ohne jede Spur von Zweifel. Dieselben Qualitäten hat auch die innere Schau. Durch sie können wir uns selbst oder die Welt plötzlich in einem ganz neuen Licht erkennen. Oder wir lesen einen Spruch zum hundertsten Mal und verstehen ihn plötzlich viel tiefer, auf einer anderen Ebene, ohne Worte. Auf einem Herbstspaziergang fällt ein Blatt zu Boden, wir halten inne und wissen ganz tief und völlig neu, was Vergänglichkeit bedeutet. Wir haben es mit dem Herzen verstanden.

Als besonders grundlegend gelten im Buddhismus die Einsichten in Leiden, in Unbeständigkeit und in die Wirklichkeit.

Leiden verstehen

Schwierigkeiten gehören zum Leben. Wenn wir das akzeptieren, entsteht Raum für ein Glück, das nicht mit dem Auf und Ab des Lebens steht und fällt.

Im Leben ist nicht alles angenehm und nicht alle Tage ein Freudenfest. Das werden die meisten Menschen gern einräumen, doch im Grunde ihres Herzens akzeptieren sie es nicht. Wenn sie krank werden, ihre Termine oder Reisepläne platzen, dann lamentieren sie: »Warum ich?« Anscheinend wollen sie in einer idealen Welt leben, in der sich beispielsweise niemand je verspätet und niemand krank wird, Computer niemals abstürzen und alle KollegInnen immer effizient und begeistert arbeiten. Vielleicht planen sie ihre Termine sogar so, daß sie sie nur dann einhalten können, wenn alle in Hochform sind und nichts Unvorhergesehenes geschieht. Doch solche Tage kommen nie. Immer hat jemand Geburtstag oder Kopfschmerzen, die U-Bahn hat Verspätung oder die Müllabfuhr streikt, eine neue Telefonanlage wird installiert, oder die Druckerpatrone ist leer, und der Computerladen hat geschlossen. Darum empfiehlt es sich, von vornherein mit Schwierigkeiten zu rechnen. Deshalb muß man sich nicht ständig Sorgen machen. Es reicht, die Termine aufgrund von Durchschnittszeiten zu setzen und etwas Zeit für Unkalkulierbares einzuplanen. Und angesichts von Schwierigkeiten können wir uns fragen: »Warum nicht ich?« Jeden Tag erkälten sich Tausende – warum nicht ich? Jede Stunde stürzen Tausende von Computern ab – warum nicht auch meiner? Täglich geschehen Tausende von Unfällen – warum nicht auch mir? Damit ziehen wir das Unglück nicht an, sondern stellen uns nur den Schwierigkeiten, die zum Leben gehören. Wehren wir uns gegen sie, dann leiden wir nur zusätzlich noch unter Ärger oder gar Verzweiflung.

Akzeptieren wir die alltäglichen Schwierigkeiten und fixieren unsere Aufmerksamkeit nicht nur auf vorhersehbare kleine Freuden, dann entsteht Raum für das größere Glück des offenen Herzens, der Gegenwärtigkeit und der Einsicht, den buddhistischen Lehren zufolge das höchste Glück.

Unbeständigkeit verstehen

Nicht nur Schwierigkeiten, auch Veränderungen gehören zum Leben. Alles verändert sich fortwährend: Empfindungen und Gefühle, Stimmungen und Gedanken, unser Körper und die Natur, das Wetter und die Lebensumstände, der Zeitgeist und das Betriebsklima. Unbeständigkeit ist das einzig Beständige.

Wir können lernen, sie zu akzeptieren, wenn wir sie über eine längere Zeit beobachten: Blumen verwelken, Paare trennen sich, Bekannte wechseln die Stelle, Regierungen werden abgelöst, Nachbarn ziehen ein oder aus, Arbeitsplätze werden umstrukturiert, unsere Haare werden grau, und wir bekommen Falten.

Leider fallen »negative« Veränderungen uns besonders auf. Darum mögen viele Menschen keinerlei Veränderungen und klammern sich an das Bestehende, an Meinungen und Gewohnheiten, Menschen und Umstände. Auch wenn die Arbeits- oder Wohnsituation noch so bedrückend oder die Beziehung noch so katastrophal ist, verharren sie lieber darin, als eine Veränderung zu wagen. Doch überlebte Situationen und Anschauungen behindern unsere Entwicklung. Können wir sie nicht loslassen, leiden wir zusätzlich und sind nicht offen für erfreuliche Veränderungen, die es ja auch immer wieder gibt: Die neue Wohnung ist viel sonniger und das neue Textprogramm leichter zu handhaben, die neue Arbeit ist anspruchsvoller und darum befriedigender, wir verlieben uns neu, und ein Streit löst sich auf.

Menschen, Dinge und Umstände sind jedoch nicht nur veränderlich, sondern auch veränderbar, das heißt, wir müssen die Veränderungen nicht passiv über uns ergehen lassen, sondern können selbst etwas tun, zum Beispiel neue Kommunikationsweisen erproben, uns gegen sexuelle Übergriffe wehren oder eine Zusatzqualifikation erwerben. Eingefahrene Strukturen am Arbeitsplatz lassen sich gut aufbrechen, wenn eine neue Person ins Team kommt oder die Arbeit neu verteilt wird.

Oft können schon kleine Veränderungen viel bewirken. Jeder Flügelschlag eines Schmetterlings verändert das Universum, heißt es in einem chinesischen Sprichwort. So können wir zum Beispiel auf dem Nachhauseweg einen kleinen Umweg durch den Park machen und die Abendsonne genießen. Statt immer mit dem Bus zu fahren, können wir bei schönem Wetter auch mal das Rad nehmen. Gehen wir abends eine halbe Stunde früher zu Bett, können wir morgens früher aufstehen und eine Yoga-Übung einschieben oder einfach nur in Ruhe frühstücken. Jede Situation, jeder Arbeitsplatz und jede Beziehung lassen sich verändern. Schon durch Kleinigkeiten.

Dabei sollten auch die Gesetze von Ursache und Wirkung beachtet werden: Unter Gier und Haß haben alle Beteiligten zu leiden. Denken, reden und handeln wir liebevoll und klar, dann folgen daraus Glück und Segen für uns und andere.

Die Wirklichkeit verstehen

Im Kapitel über die schmerzhaften Emotionen haben wir uns angesehen, wie wir hinter Ärger das Gewahrsein der Wirklichkeit entdecken können, und dabei die relative und die absolute Ebene unterschieden.

Auf der relativen Ebene der Wirklichkeit herrschen die soeben besprochenen Bedingungen von Leid und Unbeständigkeit. Hier stehen wir an einem bestimmten Punkt in Zeit und Raum und sind geprägt von verschiedenen Erfahrungen und Bedingungen. Ein Beispiel für die Einsicht in die relative Ebene betrifft die bereits angesprochenen Rollen im Team. Keine davon ist überflüssig: Eine Person muß die Fäden in der Hand halten, und eine muß für eine freundliche Atmosphäre sorgen, eine muß etwas Neues hineinbringen, und eine muß bremsen, indem sie auf Sachzwänge hinweist. Passen Rolle und Persönlichkeit zusammen, nützt das dem gesamten Team. Einsicht in diese Strukturen hilft uns, die eigene Rolle zu verstehen und auszufüllen, Rollenverhalten nicht als gegen uns persönlich gerichtet zu empfinden und hinter den Rollen auch den ganzen Menschen zu sehen und anzusprechen.

Auf der relativen Ebene beziehen wir also Standpunkte. Diese erkennen wir auf der absoluten Ebene als relativ und veränderlich. Alle Situationen sind offen. Nichts ist jemals festgefahren, auch wenn es manchmal so aussieht. Alles kann sich ändern, wird sich ändern, denn Unbeständigkeit ist das einzig Beständige. So kann uns Einsicht in Unbeständigkeit an die absolute Ebene der Wirklichkeit heranführen. Hier erkennen wir den offenen Raum, in dem die Phänomene auftauchen und wieder verschwinden. Doch da ist kein unveränderliches, vom Rest der Welt getrenntes Ich, das alles kontrollieren könnte.

Menschen, die dem Leben wenig vertrauen, sind versucht, sich an die absolute Ebene zu klammern und die relative abzulehnen. »Die Welt ist nichts«, sagen sie. Nichts ist mehr wichtig. Gut und böse gibt es nicht. Der Alltag lenkt nur ab vom Wesentlichen. Asketen der patriarchalen Religionen neigen zu dieser Haltung. Sie flüchten in geistige Ersatzwelten und lehnen das konkrete Leben ab, also auch sich selbst. Wie könnten sie da wirksam an sich arbeiten und einen Weg zum inneren Frieden finden? Verglichen mit dem Anhaften an die absolute Ebene gilt es im Buddhismus als das kleinere Übel, an der Welt zu hängen, denn dann achtet man wenigstens auf sein Karma, akzeptiert Leiden und Vergänglichkeit und versucht, Heilsames zu tun und Unheilsames zu lassen.

Allerdings ist ein Leben, das von weltlichen Dingen beherrscht wird, ein einziges Auf und Ab, ein ständiges Getriebensein. Außerdem halten wir unseren Standpunkt dann leicht für objektiv richtig und erkennen unsere Wahrnehmungen nicht mehr als Spiegel unserer inneren Verfassung.

In diese Falle geraten vor allem materialistisch eingestellte

Menschen. Sie glauben: »Die Welt ist alles«. Für sie ist nur wirklich, was sie sinnlich erfassen und besitzen können. Sogar auf einem religiösen Weg bleiben sie »weltliche« Menschen: Sie streben nach Macht und Anerkennung, persönlichen Vorteilen und danach, Recht zu behalten, was sie engstirnig und dogmatisch macht. An Größeres glauben sie nur, machen aber keine eigenen Erfahrungen von Offenheit, Klarheit und Feinfühligkeit.

Wenn wir nur die relative Ebene sehen, kann Alltägliches uns in den Himmel oder die Hölle schleudern. Es fehlt der offene Raum, in dem wir erkennen: Gegensätze gehören zusammen und bedingen einander. Auf Begegnung folgt Trennung. Wer geboren wird, muß auch sterben, und Krankheit stärkt die Abwehrkräfte, die der Gesundheit dienen.

Immer sind beide Ebenen zu berücksichtigen: Wir beziehen einen Standpunkt im Wissen, daß kein Standpunkt absolut richtig ist, denn er sieht nur einen Ausschnitt und nicht das ganze Bild. Zu diesem gehören alle Beteiligten und alle Bedingungen und auch der offene Raum, in dem alles geschieht.

Weder Ich noch Gott

Auf der absoluten Ebene erkennen wir: Es gibt kein Ich, das Erfahrungen macht und alles steuert. Niemand regiert die Welt, niemand regiert unser Leben. Kein Ich und auch kein Gott. Beides sind nur Vorstellungen, die einander bedingen. In Wirklichkeit geschieht alles aufgrund von inneren Ursachen und äußeren Bedingungen, die sich fortwährend verändern. Letztendlich ist es ein Wunder, ein Geheimnis, das wir niemals fassen können.

Halten wir dennoch fest an unseren Kontrollwünschen, müssen wir sie nach außen projizieren auf die Vorstellung eines allmächtigen Gottes. Ramesh Balsekar, ein zeitgenössischer indischer Weiser, sieht den Zusammenhang wie folgt: »Der Mensch weiß, daß er nicht alles haben kann, was er möchte. Darum erschafft er sich das Konzept eines barmherzigen und allmächtigen

Gottes, der ihm alles geben wird, was er möchte.« (*) Oder er bildet die Vorstellung eines kriegerischen und rechthaberischen Gottes, der offenbar die eigene innere Verfassung spiegelt. Und wem es an Selbstwertgefühl mangelt, fühlt sich womöglich als Sprachrohr eines guten, starken Gottes.

Solange wir an ein Ich glauben, brauchen wir irgend etwas, mit dem wir uns identifizieren können. Das kann Gott oder Buddha sein, Macht oder Anerkennung, Wissenschaft oder ein zum Ideal verklärter Mensch. Wer aber frei werden will, muß den Glauben an das Ich loslassen. Damit verschwindet die Anhaftung an eine Entsprechung im Außen. So sieht es jedenfalls die buddhistische Tradition.

Auch Meister Eckhart, der große Mystiker des Mittelalters, erkannte: Solange Gott und Ich vorhanden sind, kann es keine Erlösung geben. Er schrieb in einer Predigt über die Armen im Geiste: »Das ist ein [im Geiste, S.W.] armer Mensch der nichts will und nichts weiß und nichts hat … das (nur) ist Armut im Geist, wenn der Mensch so ledig Gottes und all seiner Werke dasteht.« (*) Das bedeutet: Nur wenn die Seele leer ist von sich und von Gott, kann Gott sein Werk in ihr vollbringen. Oder: Nur wenn wir Ich und Gott loslassen, können wir frei sein und erwachen.

Heutzutage glauben nicht mehr viele Menschen an einen strafenden oder rettenden Gott im Außen. Dafür glauben sie an die Macht des Geldes, an politische Ideologien, an die Sterne oder an die große Liebe. Solange sie an einem Ich festhalten, »glauben« sie auch an einen »Gott«, der ihnen das Leben schwer macht oder sie retten soll. Es lohnt sich herauszufinden, wer oder was unser Gott ist.

Übung: Das ist mein Gott

Denken Sie an Menschen, Umstände und Dinge, die Ihr Leben bereichern.

Denken Sie dann an Menschen, Umstände und Dinge, die Sie irritieren und unangenehme Gefühle auslösen.

Fragen Sie sich: Wer oder was leitet mein Leben? Hat jemand oder etwas mein Leben in der Hand?

Wie entstehen Glück und Leid?

Was ist mir das Wichtigste im Leben?

Was sind meine höchsten Werte?

Was gibt meinem Leben Bedeutung?

Fähigkeiten in Kräfte verwandeln

Fünf Fähigkeiten sind allen Menschen angeboren: Achtsamkeit, Konzentration und Energie, Vertrauen und Einsicht. Voll entfaltet werden sie zu fünf Kräften.

Die Schulung beginnt wie immer mit der Bewußtwerdung. Haben wir genug Einsicht in unsere Strukturen, können wir dem Heilsamen mehr Raum geben, zum Beispiel, indem wir uns freuen, wenn zumindest ein wenig Energie da ist. Und um die Kräfte wachsen zu lassen, müssen wir sie üben, immer wieder üben. Nur durch stetes Tun verändern wir uns, nicht durch Analysen, Nachdenken oder eine einzige brachiale Willensanstrengung. Wünschen wir uns zum Beispiel mehr Achtsamkeit, dann können wir sie einüben, indem wir uns immer wieder hinsetzen und den Atem spüren. Möchten wir mehr Vertrauen entwickeln, dann können wir die vier heilsamen Haltungen einüben. Wir können Sammlung üben, um Konzentration zu entwickeln, und um Einsicht zu gewinnen, können wir über die Grundtatsachen des Lebens nachdenken und diese beobachten.

Aber bitte, nehmen Sie diese Vorschläge nicht als Leistungskatalog, den Sie abarbeiten müßten, sondern als Inspiration und Orientierung auf dem Weg. Welchen Hindernissen Sie dabei begegnen und welche Heilmittel Sie anwenden können, erfahren Sie im nächsten Kapitel.

Fünf Hindernisse

In den südlichen Traditionen des Buddhismus (*) kennt man fünf Hindernisse, die bei der Meditation und im täglichen Leben auftauchen können: Verlangen und Abwehr, Trägheit, Zweifel und Unruhe. (*) Sie prägen das innere Klima und Verhalten der meisten Menschen. Meist werden äußere Umstände dafür verantwortlich gemacht. Doch können diese nur das auslösen, wozu wir eine innere Neigung haben.

Dies läßt sich täglich beobachten. Angenommen, Sie sitzen in einem Straßencafé und essen genüßlich ein Eis. Da kommt eine abgerissene Gestalt auf Sie zu und fragt: »Haste mal 'ne Mark?« Wie reagieren Sie? Geben Sie ihm die Mark und freuen Sie sich, daß Sie helfen konnten? Empfinden Sie Mitgefühl? Ärgern Sie sich, daß die Stadt sich nicht genug um Hilfsbedürftige kümmert? Oder daß dieser Penner Ihre Idylle stört? Oder er sich so gehen läßt, statt zu arbeiten? Ein und dieselbe Person kann also die verschiedensten Reaktionen auslösen und darum nicht deren Ursache sein.

Nun steckt diese unvollkommene Welt mit ihren unvollkommenen Menschen voller Anlässe, sich zu ärgern. Selbstverständlich bleibt es uns unbenommen, die äußeren Umstände angenehm zu gestalten. Doch das geht nur bis zu einem gewissen Grad. Wir können nicht alle lauten Nachbarn vertreiben, alle schönen Dinge kaufen oder uns so viel Anerkennung sichern, daß wir nie mehr an unseren Fähigkeiten zweifeln müssen. Doch läßt sich die Bereitschaft für negative Emotionen abbauen, so daß wir auch in schwierigen Situationen entspannt und kreativ sein können. (*)

Verlangen

Gegen das Verlangen, das uns rastlos umtreibt, helfen Konzentration auf eine Sache, Großzügigkeit und Einsicht.

Als unmittelbares Heilmittel für Gier und Verlangen gilt Konzentration oder die Ausrichtung der Aufmerksamkeit auf eine Sache. (*) Sicher waren Sie auch schon einmal so vertieft in Ihre Arbeit, ein Buch oder ein Gespräch, daß Sie keinen Hunger oder Durst gespürt haben. Vielleicht haben Sie sogar die Türklingel überhört. Konzentrieren wir uns vollkommen auf eine Sache, dann schweigen alle aufgewühlten Emotionen, das heißt, wir sind frei von Ängsten, Unruhe, Abwehr oder Verlangen. Ganz verschwinden diese erst mit tiefer Einsicht, doch wir alle schätzen einen kleinen »Urlaub« von unseren inneren Dramen und sei es durch einen spannenden Krimi. Durch einfache Übungen, wie sie im dritten Teil dieses Buches vorgestellt werden, können wir unsere Konzentrationskraft stärken.

Mittelfristig hilft Großzügigkeit gegen Verlangen. Teilen wir mit anderen Menschen Besitz, Zeit und Wissen, dann fühlen wir uns reich. Wir empfinden keinen Mangel. Wie könnten wir da gierig sein?

Langfristig hilft nur tiefe nichtbegriffliche Einsicht in das Zusammenspiel von Außen und Innen, Auslöser und Ursache. Nur sie löst Anhaftung auf, die normale und leidenschaffende Reaktion auf angenehme Gefühle. (*) Wir können »das Objekt der Begierde« endlich loslassen und atmen Freiheit.

Übung: Heilende Konzentration

Denken Sie an eine Situation, in der Sie sich mit freudiger Hingabe einer Sache gewidmet haben. Erinnern Sie so viele Einzelheiten wie nötig, um sich Ihr Befinden deutlich vergegenwärtigen zu können.

Fragen Sie sich: Wie habe ich mich unmittelbar vor dieser Situation gefühlt? Was genau hat meine Aufmerksamkeit gefesselt? Wie lange hat meine Konzentration angehalten? Wie habe ich mich danach gefühlt? Wie hat sich dieses Tun auf meine kleinen und großen Wünsche und Sehnsüchte ausgewirkt?

Fragen Sie weiter: Welche Tätigkeiten mache ich mit Hingabe? Wann bin ich mit ganzem Herzen bei der Sache?

Welche äußeren Bedingungen – Menschen und Umstände – unterstützen meine Fähigkeit zum hingebungsvollen Tun?

Was kann ich tun oder lassen, um Hingabe und innere Sammlung zu fördern? Was kann ich in den nächsten Tagen tun oder lassen?

Abwehr

Insgeheim wünschen wir uns, daß die Welt nach unserer Pfeife tanzt. Tut sie das nicht – und das liegt in ihrer Natur –, dann reagieren wir meist mit Ärger oder Abwehr. Dagegen helfen körperliches Wohlbehagen, Mitgefühl und Gleichmut sowie Einsicht.

Fühlen wir uns körperlich wohl und entspannt, dann ärgern wir uns kaum einmal. Umgekehrt können wir Ärger und schlechte Stimmung vertreiben, indem wir unser körperliches Wohlbefinden heben. Manchmal reicht eine Tasse Tee, ein Nickerchen oder ein heißes Bad. Noch wirksamer ist Bewegung. Wir können spazierengehen, tanzen oder Sport treiben. Das fördert die Produktion des körpereigenen »Glückshormons« Endorphin. Wenn wir mit verschiedenen Methoden experimentieren, können wir herausfinden, was Ärger und schlechte Stimmung bei uns am besten vertreibt. Mittelfristig helfen Mitgefühl und Gleichmut: Mitgefühl mit uns und allen Menschen, die am selben Problem leiden; und Gleichmut, so daß wir die unangenehmen Gefühle als Teil des Lebens akzeptieren können. Dann ruhen wir in unserer Mitte und sehen gelassen auf das tägliche Auf und Ab.

Hilfreich ist auch klare Einsicht in die Situation. Ist sie unheilsam für mich? Kann ich sie ändern? Wenn wir unsere Möglichkeiten nicht recht einschätzen können, müssen wir es eben ausprobieren. Ärger kann uns dazu antreiben. Ansonsten brauchen wir uns eigentlich nie zu ärgern. Eine alte tibetische Weisheit lautet: »Entweder kannst du etwas ändern, dann tu das. Kannst du nichts ändern, dann hilft auch Sich-Ärgern nicht.«

Nur tiefe Einsicht in ärgerliche Abwehr kann diese langfristig auflösen. Richten wir unsere Aufmerksamkeit auf die inneren Ursachen statt auf die Auslöser, dann entsteht Raum. Mit der Zeit verstehen wir immer besser, wie unangenehme Gefühle entstehen und wieder vergehen. Sie gehören zum Leben, das wir dann nehmen können, wie es ist.

Übung: Ärger

Denken Sie an einen Konflikt, bei dem Sie sich geärgert haben.

Fragen Sie sich: Was genau hat mich geärgert? Eine Geste, ein Satz, ein Verhalten oder eine fehlende Geste?

Fragen Sie sich dann: Wie habe ich mich unmittelbar vorher gefühlt? Was habe ich an aktueller Stimmung und Hintergrund mitgebracht?

Wie habe ich Abwehr und Ärger ausgedrückt? Direkt oder indirekt, aggressiv oder depressiv, durch Angriff oder Rückzug?

Fragen Sie weiter: Ärgere ich mich häufig? Was sind typische Anlässe? Was sind typische Reaktionen? Wachsen dadurch die Probleme oder schwinden sie?

Experimentieren Sie nun in Gedanken mit den verschiedenen Heilmitteln:

Was können Sie zur Entspannung und für Ihr körperliches Wohlbefinden tun?

Versuchen Sie, Mitgefühl für sich und für Menschen in der gleichen Lage zu entwickeln.

Können Sie etwas an der Situation ändern? Dann tun Sie es. Sind Sie auch bereit, die Konsequenzen zu tragen?

Können Sie nichts ändern, versuchen Sie, die Situation ohne Wenn und Aber zu akzeptieren. Wie fühlen Sie sich, wenn Ihnen das auch nur für Minuten gelingt?

Trägheit

Müdigkeit nach harter Arbeit ist normal. Dagegen helfen eine Reihe probater Mittel: ausschlafen, gemütlich essen oder spazierengehen, lesen oder in die Sauna gehen. Wer sich jedoch häufig erschöpft und überfordert fühlt, leidet vielleicht an einer der bereits besprochenen Arten von Trägheit aufgrund von Abwehr, mangelndem Selbstvertrauen und falschen Prioritäten. (*) Dagegen helfen »Anpacken« und das Klären von Prioritäten.

Interessanterweise gilt auch fieberhafte Aktivität als Trägheit, dann nämlich, wenn wir nicht das tun, was uns wirklich wichtig ist, sondern uns aus innerer Unruhe oder wegen äußerer Ziele in hektische Betriebsamkeit stürzen. Da hilft es, die Prioritäten zu klären.

Übung: Prioritäten klären

Fragen Sie sich: Was möchte ich unbedingt noch erleben, lernen oder tun, wenn ich wüßte, ich habe nur noch drei Jahre zu leben? Was würde ich auf keinen Fall mehr tun wollen? Und was würde ich tun oder lassen, wenn ich nur noch ein Jahr hätte? Einen Monat? Eine Woche? Einen Tag? Eine Stunde?

Sind wir weder rastlos noch erschöpft, dann wehren wir uns vielleicht gegen manche Tätigkeiten, weil wir sie ablehnen. So wehren sich viele Ehemänner gegen das Putzen oder Waschen, das sie als unwichtig, langweilig oder unter ihrer Würde abtun. Bewegungsmuffel wehren sich gegen Sport und Intellektuelle gegen

Aufräumen, das sie dann als spießig bezeichnen. Selbstbewußte Menschen – meist männlichen Geschlechts – neigen zu dieser Haltung.

Wenig selbstbewußte Menschen – vor allem Frauen – verschieben dagegen manche Arbeiten, weil sie sie sich nicht recht zutrauen. Sie lassen die Steuererklärung liegen und den Wasserhahn tropfen; sie verschieben ein klärendes Gespräch zum dritten Mal und steigen nie um auf das neue Textprogramm, weil die Angst zu versagen sie hemmt. Machen sie sich dennoch an die Arbeit, überfällt sie bleierne Müdigkeit. Erkennen sie ihr mangelndes Selbstvertrauen, können sie vielleicht noch einen neuen Anlauf machen. Gegen Aufschieben aus Abwehr oder mangelndem Selbstvertrauen hilft, die Arbeit einfach anzupacken, ohne endlos darüber zu brüten, wie die Aufgabe am besten zu lösen sei, ob wir das überhaupt schaffen oder vorher noch etwas anderes machen sollten. Packen wir einfach an, was ansteht, dann trägt der Anfangsschwung meist durch die gesamte Tätigkeit.

Leiden wir jedoch unter chronischer Müdigkeit, dann hilft vielleicht eine Änderung der Lebensweise oder -haltung: Wir können unseren Körper in Schwung bringen durch frische Luft, eine leichte, gesunde Kost und regelmäßige Bewegung. Interesse und Wertschätzung für unsere Arbeit wecken körperliche und geistige Kräfte. Offenheit und Neugier entstehen, wenn wir uns neuen Wissensgebieten zuwenden.

Übung: Trägheit und Energie

Denken Sie an eine Situation, in der Sie sich müde und erschöpft gefühlt haben.

Fragen Sie sich: Welche Art von Müdigkeit war das?

Stand eine wohlverdiente Pause an?

Fanden Sie die Arbeit langweilig, unwichtig oder unter Ihrer Würde?

Trauten Sie sich die Arbeit nicht recht zu?

Wie haben Sie auf Ihre Müdigkeit reagiert? Hat sie sich dadurch aufgelöst?

Experimentieren Sie jetzt mit dem Heilmittel für Trägheit: Stellen Sie sich vor, Sie packen eine ungeliebte oder schwierige Arbeit an, ohne über Ihre Befindlichkeit nachzudenken oder über besonders energie- und arbeitssparende Methoden.

Zweifel

Manchmal schwanken wir hin und her, ohne uns jemals für etwas entscheiden zu können. Oft steckt dahinter eine unklare Selbsteinschätzung oder mangelndes Selbstvertrauen. Dagegen hilft fortgesetzte Hinwendung zu einer Sache. Dadurch werden wir kompetenter, und der Selbstzweifel verschwindet ebenso wie die Unentschlossenheit.

Produktive Zweifel können hilfreich sein. Beispielsweise lassen sie uns prüfen, ob die angepriesene Lebensversicherung für uns geeignet ist und genmanipulierte Lebensmittel tatsächlich ein solcher Segen sind, wie manchmal behauptet wird. Steht eine berufliche oder private Veränderung bevor, dann prüfen wir sorgfältig Chancen und Bedingungen und treffen dann unsere Entscheidung. Auch sie ist ein Schritt ins Unbekannte. Doch können wir ihr leichter treu bleiben als einem Spontanentschluß.

Manchmal aber können wir uns überhaupt nicht entscheiden. Unentschlossen schwanken wir zwischen verschiedenen Möglichkeiten hin und her. Sollen wir einen Badeurlaub in Griechenland machen oder eine Trekking-Tour durch den Himalaya, die Stelle wechseln oder ein Sabbatjahr einschieben, eine Umschulung machen oder ein Kind in die Welt setzen – oder lieber doch nicht?

Dahinter steckt oft mangelnde Selbsterkenntnis: Wir wissen zuwenig über unsere Stärken und Schwächen und schwanken zwischen Unter- und Überforderung. Außerdem fühlen wir uns nicht mit anderen Menschen und Umständen verbunden. Alles spielt sich nur im Kopf ab, und der findet zu jedem Grund einen Gegengrund. Das ermüdet, auch wenn wir gar nichts tun.

Besser ist es, sich nach gewissenhafter Prüfung einer Sache zuzuwenden, und zwar über längere Zeit. Verbinden wir uns mit Menschen und Umständen, können wir sie besser einschätzen. Wir erkennen auch, welche Arbeiten uns überfordern, so daß wir uns nun gegen sie entscheiden können. Vor allem aber entdecken und entfalten wir unsere Fähigkeiten und lernen unsere Stärken schätzen. So heilen Kompetenz und Verbundenheit unsere Zweifel und Unentschlossenheit.

Übung: Zweifel und Unentschlossenheit

Denken Sie an eine berufliche Entscheidung, die Ihnen schwer gefallen ist: Stellen- oder Ortswechsel, neuer Arbeitsbereich, Sabbatjahr, Umgehen mit schwierigen Kolleginnen oder Kollegen.

Fragen Sie sich: Was waren die Alternativen? Was sprach für die eine und was für die andere Möglichkeit? Was sprach gegen sie? Was hat mir die Entscheidung erschwert? Was hat sie mir schließlich ermöglicht? Wie bewerte ich die Entscheidung heute?

Denken Sie an weitere Situationen, in denen Sie sich entscheiden mußten. Wie laufen Ihre Entscheidungsprozesse ab? Gibt es bestimmte Muster, Phasen, Wendepunkte, Entscheidungshilfen?

Übung: Eine aktuelle Entscheidung

Denken Sie an eine anstehende Entscheidung. Wenn es zwei oder drei Alternativen gibt, können Sie folgende Bilder auf sich wirken lassen:

Vor sich im Raum sehen Sie zwei oder drei Türen. Jede steht für eine Alternative. Betrachten sie nun die erste Tür. Wie sieht sie aus? Alt, neu, interessant, langweilig, teuer, robust, elegant?

Öffnen Sie dann die erste Tür einen Spalt. Was sehen Sie? Einen wunderschönen Garten oder ein schäbiges Büro, eine lichtdurchflutete Allee, einen einsamen Waldweg, eine bevölkerte Straße mit vielen Menschen?

Untersuchen Sie nun auch die zweite und dritte Tür.

Die inneren Bilder sagen Ihnen etwas über Ihre verborgenen Hoffnungen, Sehnsüchte und Befürchtungen.

Unruhe

Manche Menschen werden ständig von Unruhe und Sorgen geplagt: Sie haben Angst vor der Zukunft, grübeln häufig über ihre Probleme nach oder werfen sich vor, dies oder jenes getan oder versäumt zu haben. Dagegen helfen Freude, Gegenwärtigkeit und die Fähigkeit, sich einer Sache hinzugeben.

Natürlich dürfen Schwierigkeiten nicht einfach verdrängt werden. Wir müssen uns ihnen stellen. Bei hartnäckigen Schlafstörungen empfiehlt es sich zum Beispiel, ein Schlaftagebuch zu führen, also genau aufzuschreiben, was wir abends getan und wann, wie und wie lange wir danach geschlafen haben. Erkennen wir die Zusammenhänge, können wir abends zum Beispiel schweres Essen oder aufwühlende Gespräche meiden. Wachen wir nachts auf oder können nicht einschlafen, helfen leichte, beruhigende Tätigkeiten wie bügeln oder putzen. Wir können auch meditieren oder malen. In der nächsten Nacht schläft man dann meist länger, vorausgesetzt, man macht sich keine allzugroßen Sorgen wegen vermeintlicher Schlafdefizite. (*)

Sorgen lösen sich oft auf, wenn wir an angenehme Dinge denken. Das können wir uns systematisch angewöhnen, indem wir immer wieder auf das schauen, was gut ist in unserem Leben. Und wir können dem, was uns Freude macht, mehr Raum geben.

Sind wir mit ganzem Herzen bei einer Sache, kommen wir kaum auf die Idee, uns Sorgen zu machen. Daraus ersehen wir, wie wichtig es ist, in der Gegenwart zu leben. Konzentrieren wir uns darauf, was hier und jetzt geschieht, werden wir ruhiger und machen uns weniger unnötige Sorgen.

Übung: Unruhe und Sorgen

Denken Sie an Momente in den letzten Tagen, in denen Sie unruhig waren. Erinnern Sie eine der Situationen in allen Einzelheiten.

Fragen Sie sich: Was beunruhigt mich? Was macht mir Sorgen? Wovor habe ich Angst?

Fragen Sie sich weiter: Wie reagiere ich auf Unruhe und Sorgen? Lösen sie sich dadurch auf? Was hat mir in der Vergangenheit geholfen, ruhiger zu werden?

Woran habe ich Freude? Welchen Tätigkeiten kann ich mich mit ganzem Herzen hingeben?

Fragen Sie sich zum Schluß: Welche Umstände, Menschen und Tätigkeiten können mir helfen, Unruhe und Sorgen loszulassen?

Die beschriebenen Hindernisse begegnen uns nicht nur bei der Arbeit, wenn wir also unsere Lebensenergie bestmöglich zum Ausdruck bringen möchten, sondern auch auf dem Weg der Selbsterkenntnis und -entwicklung. Abschließend möchte ich Ihnen den buddhistischen Weg vorstellen.

III.
DER BUDDHISTISCHE WEG ZUM GLÜCK

Leiden und seine Ursachen

Vor zweieinhalbtausend Jahren saß im nordindischen Bodhgaya ein Mann namens Siddharta Gautama unter einem Feigenbaum (*) und meditierte eine ganze Nacht lang. Am nächsten Morgen war er frei. Er hatte das Leid überwunden, hatte tiefen Frieden gefunden, war aus dem Schlaf der Unwissenheit erwacht.

Zuerst zögerte der Buddha, der Erwachte, über die Erfahrungen dieser Nacht zu sprechen, denn sie überstiegen alles, was er mit Worten auszudrücken vermochte. Einige Wochen später traf er seine früheren Gefährten wieder. Mit ihnen zusammen hatte er jahrelang versucht, sich durch harte Askese zu befreien, diesen Weg dann aber als nicht zur völligen Befreiung führend erkannt. Nun erzählte er ihnen, wie er sich von allem Leid, aller Angst und Unzufriedenheit befreit hatte. Diese seine erste Predigt im Rotwildpark von Sarnath (*) handelte von den folgenden vier Wahrheiten:

- Es gibt Leiden.
- Das Leiden hat eine Ursache.
- Wir können uns vom Leid befreien.
- Es gibt einen Weg dahin, den achtfachen Pfad.

Alle weiteren Lehren des Buddha und seiner vielen Nachfolgerinnen und Nachfolger können als Variationen dieser vier Grundaussagen betrachtet werden. Sie sind in Anlehnung an die indische Heilkunst formuliert: Zuerst diagnostiziert der Arzt das Leiden und erforscht seine Ursachen, er stellt die vollständige Heilung in Aussicht und verschreibt schließlich eine praktikable

Therapie. Als besonders hilfreich erweist sich diese in schwierigen Umbruchphasen wie der Lebenszeit des Gautama Buddha und der heutigen Zeit.

Leiden

Am Anfang des Weges – in Medizin und Buddhismus – steht die Frage: »Wo tut's weh?« Wir können uns also überlegen, was uns das Leben schwer macht, wie unsere Liste von Leiden aussieht. Der Buddha beschrieb acht Arten von Leiden:

> »Geburt ist Leiden, Altern ist Leiden, Krankheit ist Leiden und Sterben ist Leiden. Verlieren, was wir gerne haben, ist Leiden. Nicht bekommen oder nicht erleben, was wir möchten, ist Leiden. Bekommen und erleben, was wir nicht möchten, ist Leiden. Nie sicher sein vor zukünftigem Leiden ist Leiden.«

Zunächst einmal ist also eine sorgfältige Anamnese vonnöten: Wir müssen das Leiden wahrnehmen und anerkennen. Dabei helfen Gegenwärtigkeit und Achtsamkeit, die wir in den grundlegenden Meditationsübungen schulen können.

Mit der Zeit entdecken wir immer feinere Ebenen des Leidens und der Unzufriedenheit. Wir registrieren Langeweile und Unlust, Trägheit, Unruhe und Unwohlsein in allen Schattierungen. Wir erkennen auch das subtile Leiden im weltlichen Glück der Sinne: Es ist flüchtig und unbeständig. Nicht einmal wirkliches Glück kann es uns bescheren, denn im Grunde vermindert es nur für eine Weile das alltägliche Leiden, zum Beispiel an Hunger oder Durst, Schmerz, Einsamkeit oder Langeweile. Es kann auch rasch umschlagen in Leiden, wenn wir zum Beispiel zuviel essen oder zuviel mit Menschen zusammen sind, so daß wir ihrer überdrüssig werden oder uns ausgelaugt fühlen.

Noch eine Art von Leiden wird im Buddhismus beschrieben:

das allesdurchdringende Leiden an der dualistischen Weltsicht. Manchmal fühlen wir uns existentiell allein, unverbunden und abgetrennt vom Rest der Welt. Wir leiden darunter, daß wir unsere Erfahrungen mit niemandem teilen können, nicht wirklich, und wir wollen nur noch eins: aus dem Gefängnis unserer gespaltenen Weltsicht ausbrechen, um in der Seligkeit der Nicht-Zweiheit zu ruhen.

Je feinere Arten von Leiden wir spüren und je mehr wir die Natur des weltlichen Glücks durchschauen, desto leichter fällt es uns, unwesentliche Dinge aufzugeben. So werden wir frei für die größeren Freuden des offenen Herzens, der Sammlung und Einsicht.

Abwehr und Verlangen

Woher kommt nun das Leiden? Nach meiner Schätzung machen die oben genannten Arten von Leiden nur fünf Prozent unserer Leiden aus. Die übrigen 95 Prozent schaffen wir uns selbst durch den Wunsch, alles möge anders sein, als es ist. Wir können das leicht nachprüfen. Wenn zum Beispiel unangenehme Gefühle auftauchen, – zum Beispiel durch Zahnschmerzen, eine Trennung oder eine Kündigung – dann können wir versuchen, diese Gefühle zu akzeptieren, diese Dinge anzunehmen, wie sie sind. Gelingt uns das und verringert sich dann unser Leiden, bestätigt das den oben genannten Zusammenhang.

Daß äußere Umstände Glück und Leid nicht verursachen, habe ich bereits mehrfach angesprochen, und doch glauben das die meisten Menschen. Sie seufzen: »Ach, wenn ich bloß schön und reich wäre, gesund, beliebt und intelligent, wenn ich einen Traumjob hätte und die Prinzessin oder der Prinz auf einem weißen Pferd in mein Leben ritte, dann könnte ich glücklich sein bis ans Ende meiner Tage.« Genau diese Haltung verursacht aber die meisten Probleme: der Wunsch, alles möge anders sein, als es ist. Die Situation soll anders sein. Du sollst anders sein. Ich will anders sein. Und zwar auf der Stelle, ohne daß wir etwas dafür tun müßten.

Meist wehren wir uns also gegen unangenehme Gefühle, die jetzt gerade da sind; und wir verlangen nach angenehmen Gefühlen oder wollen sie festhalten, obwohl sie ihrer Natur nach flüchtig sind. Doch Verlangen nach angenehmen und Abwehr gegen unangenehme Gefühle schaffen sehr viel zusätzliches Leiden, denn sie führen zu Ärger und Wut, Trauer und Schuldgefühlen, Unruhe, Angst und Sorgen, Neid und Zweifel, Ablenken und Verdrängen, Rationalisieren und Herunterspielen, Dramatisieren und Schuldzuweisungen.

Es empfiehlt sich also, Gegebenes zu akzeptieren und Abwehr und Verlangen aufzugeben. Das bedeutet nicht, daß wir nun gar nichts mehr wollen dürften. Wir sind kein Wirsingkohl, der sich Sonne und Regen passiv zuteilen lassen muß. Wir können denken und reden, gehen und arbeiten. Wir können das Beste aus den Gegebenheiten machen. Diese gilt es zu erkennen und zu akzeptieren und dann zu tun, was glücklich macht, und zu lassen, was Leiden schafft. Wir müssen auch kein Unrecht erdulden. Wir können Grenzen setzen und uns wehren, ohne Wut, sondern mit Mitgefühl im Herzen, wie einst eine tibetische Nonne, die regelmäßig ziemlich übel belästigt wurde, bis jemand ihr den Ratschlag gab: »Fülle dein Herz mit Liebe und hau drauf!«

Unwissenheit

Was aber ist die tiefere Ursache von allem Leiden, einschließlich der fünf Prozent, die natürlich gegeben sind, zum Beispiel durch Alter oder Krankheit, Trennung oder Sterben? Den buddhistischen Lehren zufolge entsteht Leiden, weil wir unsere wahre Natur nicht kennen und uns mit einem Ich identifizieren, das es gar nicht gibt.

In Wirklichkeit sind wir in jedem Moment alles, was wir wahrnehmen, und auch die Wahrnehmungsfähigkeit selbst. Wir sind die Offenheit, Klarheit und Feinfühligkeit unseres Geistes, die Wahrnehmung ermöglicht; und wir sind das Wahrgenommene selbst: die körperlichen Empfindungen, Gefühle und Reaktionen, Gedanken, Bilder und Stimmungen. All das ändert sich fortwährend. Doch damit können wir uns nicht abfinden. Wir wollen etwas Unveränderliches sein, etwas fest Umrissenes und Besonderes. Darum bilden wir die Vorstellung von einem Ich, das wir für beständig halten, für ein festes Ding und für unabhängig von körperlichen und geistigen Prozessen.

Doch es ist nicht beständig, sondern verändert sich fortwährend. Vielleicht bin »ich« meistens ordentlich, aber nicht immer. Vor einigen Jahren war »ich« vielleicht noch Katholikin; jetzt bin »ich« es nicht mehr. Normalerweise bin »ich« vielleicht ein heiterer Mensch, doch heute ist mir eine Laus über die Leber gelaufen.

Es gibt auch kein festgefügtes Ding namens Ich, nur einen Haufen Einzelteile: körperliche Prozesse, emotionale Muster, Vorstellungen, Meinungen und Ansichten, Gewohnheiten, Impulse und Erinnerungen, die unter bestimmten Bedingungen zutage treten und wieder verschwinden.

Im Grunde können wir auch nicht von »meinem Körper« oder »meinen Gefühlen« reden. Richten wir nämlich unsere Aufmerksamkeit auf unsere geistigen und körperlichen Prozesse, dann stellen wir fest: »Körperliche Empfindungen geschehen, Sinneswahrnehmungen, Gefühle, Gedanken, Impulse und Erinnerungen steigen auf.« Doch da ist kein Ich, das diese »haben« könnte. Vielmehr ist das Ich nur ein Begriff, den wir diesem vielschichtigen Lebensprozeß nachträglich überstülpen.

Je weniger wir in Kontakt sind mit dem wirklichen Leben, desto eher halten wir das Ich für real, und damit es uns nicht ständig zwischen den Fingern zerrinnt, müssen wir es an etwas festmachen, müssen es mit irgend etwas identifizieren, mit Eigenschaften und Fähigkeiten, Besitz und Beruf, Ansichten und Meinungen, Rollen und Status, Schicht und Nationalität, Rasse,

Geschlecht und Kultur, Religion, Partei und Philosophie. Das alles müssen wir ständig verteidigen. Dadurch entstehen Angst und Anspannung, und wir leiden, wenn das, womit wir uns identifizieren, angegriffen wird, sich verändert oder ganz verschwindet, was unvermeidlich irgendwann geschieht. Leiden hört erst auf, wenn wir die Ich-Vorstellung loslassen und uns der Wirklichkeit anvertrauen.

Eine Übung, durch die wir unsere fundamentale Unwissenheit ein wenig auflösen können, stammt von Ayya Khema. Sind wir irritiert, enttäuscht oder verunsichert, dann können wir uns als erstes fragen: »Was denke ich?« Damit richten wir unser Augenmerk auf unsere gewohnte Einschätzung. Wir denken beispielsweise: »Du bist unmöglich. Ich bin unmöglich. Das Wetter ist grauenhaft. Die Suppe schmeckt scheußlich. Das ist gemein. So etwas darf es nicht geben. Das hätte ich von dir nie erwartet.« Danach fragen wir uns: »Was genau geschieht?« Damit lösen wir uns von den ichhaften Reaktionen und öffnen uns für die komplexe Wirklichkeit von Körperempfindungen, Gefühlen und Stimmungen, Gedanken, inneren Bildern und emotionalen Mustern. Allmählich begreifen wir, was der Inder Nisargatta meinte, als er schrieb: »Es gibt kein Ich, es gibt nur Impulse.« (*) Kein Ich, das unser Leben regiert oder Opfer widriger Umstände ist. Nur der offene Raum, in dem eine Vielzahl von inneren und äußeren Prozessen abläuft.

In den tibetischen Traditionen wird sehr anschaulich beschrieben, wie die Ich-Vorstellung aus der Unwissenheit entsteht. Unser wahres Wesen ist Buddha-Natur, die allen Lebewesen innewohnende Offenheit, Klarheit und Feinfühligkeit des Geistes. Ruhen wir nicht darin, nehmen wir dualistisch wahr. Wir spalten unsere Wahrnehmung auf in eine subjektive Innen- und eine objektive Außenwelt. Wir bilden Vorstellungen über uns und andere, und diese verteidigen wir mit aufgewühlten Emotionen. Wiederholen wir das immer wieder, entwickeln sich eingefahrene Verhaltensweisen, mit denen wir uns identifizieren. So führt die Unwissenheit über unsere Buddha-Natur zu dualistischer Wahrnehmung, aufgewühlten Emotionen und gewohnheitsmäßigem Verhalten. (*)

Das Ende vom Leiden

Nach Anamnese und Diagnose eröffnet Buddha, der große Arzt, uns die Aussicht auf Heilung durch Wahrnehmen und Loslassen.

Wann immer wir leiden, können wir zuerst einmal das Leiden in all seinen Facetten wahrnehmen. Erkennen wir als Ursache den Wunsch, irgendetwas möge anders sein, als es ist, erinnern wir uns: Freiheit und Frieden entstehen nicht, wenn Wünsche sich erfüllen. »Denn jeder Wunsch, wenn er erfüllt, kriegt augenblicklich Junge!« wußte schon Wilhelm Busch. Dann gelingt es uns vielleicht für Momente, den Wunsch loszulassen. »Eine Sekunde Loslassen ist eine Sekunde Freiheit«, sagte Ayya Khema. Dies nur verstandesmäßig einzusehen reicht nicht. Das Herz muß es erleben. Immer wieder.

Mit der Zeit können wir immer öfter loslassen, immer öfter in Buddha-Natur ruhen und aus ihr heraus leben. Dabei unterstützen uns die Empfehlungen des achtfachen Pfades, die ich im nächsten Kapitel vorstellen möchte.

Der achtfache Pfad

Sehnen wir uns nach einem glücklichen und erfüllten Leben, begeben wir uns vielleicht auf einen geistigen Weg. Die Essenz des buddhistischen Weges faßte der Buddha mit den Worten zusammen: »Tu Gutes, meide das Böse und kläre deinen Geist.«

Letzteres ist deshalb so wichtig, weil wir nicht wissen, wie die Welt wirklich ist, sondern nur, wie wir sie wahrnehmen, was wiederum von unserem inneren Zustand abhängt: Ist der Geist rein, ist die Welt ein Paradies; ist der Geist unrein, ist die Welt ein Jammertal. Darum lehrte der Buddha, wie wir den eigenen Geist erkennen und reinigen können von Gier, Haß und Verblendung, von Haben- und Nichthabenwollen, von Vorurteilen, Meinungen und unserem Festhalten daran. Haben wir alle falschen Ansichten losgelassen, leuchtet die uns innewohnende Buddha-Natur auf, und Liebe, Kraft und Weisheit manifestieren sich spontan. Hierzu wies der Buddha einen konkreten Weg, den achtfachen Pfad, der alle Aspekte des Lebens umfaßt.

Die acht Elemente des Weges aus dem Leiden heraus werden normalerweise folgendermaßen geordnet: Rechte Einsicht, rechte Einstellung, rechtes Handeln, rechte Rede, rechter Lebenserwerb, rechtes Bemühen, rechte Achtsamkeit, rechte Sammlung. Diese acht Glieder sind aber keine Stufenleiter, die bei Einsicht beginnt und bei Sammlung endet, obgleich ein wenig Einsicht und emotionale Offenheit sicherlich am Beginn jedes geistigen Weges steht. Sie werden eher als acht Speichen eines Rades verstanden. Die Speichen müssen in etwa gleich stark sein, damit die Kutsche unseres Lebens auch in Richtung Freiheit rollt. Sind einige Speichen dünn wie Streichhölzer oder fehlen sie ganz, läuft das Rad nicht recht oder bricht leicht zusammen. Jede einzelne der acht Übungen unterstützt und stärkt also die anderen. Sie werden häufig in drei Bereiche zusammengefaßt: Ethik, Sammlung und Weisheit. Zur Ethik gehören Handeln, Reden und Lebenserwerb; Sammlung im weiteren Sinn setzt sich zusammen aus Bemühen, Achtsamkeit und Sammlung im engeren Sinn, und Einsicht und Einstellung werden der Weisheit zugeordnet. Ethik vereinfacht das Leben und beruhigt Herz und Geist. Dadurch können wir uns leichter sammeln und tiefe Ruhe erfahren. Und mit einem gesammelten Geist sehen wir die Dinge, wie sie sind, und entwickeln tiefe Einsicht. Beginnen wir also mit der Ethik: rechtes Handeln, rechte Rede und rechter Lebenserwerb.

Rechtes Handeln

Eine Orientierung für rechtes Handeln bieten die Richtlinien, die ich im Kapitel »Ethisch handeln« besprochen habe. Sie empfehlen: kein Leben zu nehmen, sondern Leben zu schützen; nicht zu stehlen, sondern großzügig zu geben; anderen nicht zu schaden durch unser sexuelles Verhalten, sondern bestehende Beziehungen und das Zölibat von Ordinierten zu achten, und unseren Geist nicht mit Drogen oder Alkohol zu trüben, sondern ihn durch Meditation zu klären. Im Spiegel dieser Anregungen können wir unser eigenes Verhalten beobachten und gegebenenfalls ändern. Dabei arbeiten wir zuerst auf der Ebene der Handlungen und schließlich auch auf der Ebene der Einstellung und Motive. Diese erkennen wir durch Innenschau und die Folgen unseres Verhaltens.

Rechte Rede

Auch diesem Aspekt eines ethischen Lebens habe ich ein eigenes Kapitel gewidmet: »Heilsam kommunizieren«. Die Empfehlungen zur rechten Rede lauten: nicht zu lügen, sondern die Wahrheit zu sagen; nicht zu verleumden, sondern für Harmonie zu sorgen; nicht durch Worte zu verletzen, sondern heilsam zu reden, und nicht sinnlos zu schwätzen, sondern sinnvoll reden.

In Gesprächen können wir sehr viel über uns selbst erfahren, wenn wir unsere Reaktionen beobachten. So bemerken wir beispielsweise die Neigung, Gefühle von Überlegenheit oder Minderwertigkeit zu entwickeln, mit der Aufmerksamkeit abzuschweifen oder uns auf ein bestimmtes Ergebnis zu fixieren, statt uns dem Kommunikationsprozeß hinzugeben. Dazu müssen wir auch zuhören können. Das fördert die Intelligenz und Kreativität der redenden Person. Bei meinen Vorträgen bemerke ich immer wieder die inspirierende Wirkung interessierter ZuhöhrerInnen. In Gesprächen sollten aber beide Seiten einmal in den Genuß des förderlichen Zuhörens kommen.

Letztendlich geht es bei rechter Rede um wache, direkte Kommunikation, durch die wir die Klarheit und die guten Seiten aller Beteiligten fördern, Probleme nicht unter den Teppich kehren, sondern im richtigen Augenblick ansprechen, um klug und mitfühlend miteinander umgehen zu können.

Rechter Lebenserwerb

Fünf Arten von Lebenserwerb gelten traditionell als schädlich und damit als unheilsam: seinen Lebensunterhalt mit dem Töten von Menschen und Tieren zu verdienen und Handel zu treiben mit Menschen, Waffen und Rauschmitteln oder Giften. Als heilsame Tätigkeiten gelten heilen und lehren.

Die buddhistische Ethik wandte sich also immer – sogar in den hochpatriarchalen asiatischen Gesellschaften – gegen Sklaven- und Frauenhandel, aber auch gegen den Handel mit Drogen, die die Klarheit des Geistes trüben. Waffenproduktion und -verkauf wird ebenso abgelehnt wie Kriegs- und Militärdienst. Bis heute sind buddhistische Mönche in den asiatischen Ländern vom Dienst an der Waffe befreit, und tibetische Buddhisten und Buddhistinnen weigern sich noch immer, in Schlachthäusern zu arbeiten. Unethisch wäre nach diesen Richtlinien auch die Arbeit in Rüstungsbetrieben und Tierversuchslabors sowie Herstellung, Verkauf und Ausschank von Alkohol.

Der empfohlene Lebenserwerb orientiert sich daran, wieviel Heilsames für uns und andere daraus entsteht. Ist er ein geeigneter Kanal für unsere Lebensenergie? Fördert er unsere Fähigkeiten und guten Eigenschaften? Müssen wir zeitweise eine ungünstige Arbeitssituation hinnehmen, dann können wir immer noch unsere Freiräume nutzen, um offener, klarer und feinfühliger zu werden.

Wir verlassen nun den Bereich der Ethik und wenden uns der Sammlung zu. Diese umfaßt: rechtes Bemühen, rechte Achtsamkeit und rechte Sammlung.

Rechtes Bemühen

Eine Gratwanderung zwischen Nachlässigkeit und Überforderung ist das rechte Bemühen, mit dem wir heilsame Gedanken und Stimmungen fördern und unheilsame verringern oder ganz vermeiden. Dabei hilft freudige Ausdauer, die manchmal sogar mit dem rechten Bemühen gleichgesetzt wird. (*)

Finden wir heraus, was uns Freude macht und uns und anderen gut tut, dann können wir dem mehr Raum geben in unserem Leben und mit freudiger Ausdauer bei der Sache sein, gegenwärtig, konzentriert und voller Energie. Selbst Schwierigkeiten können uns dann nichts anhaben.

Doch sollten wir uns auch nicht überfordern oder Schuldgefühle entwickeln, wenn wir unser »Soll« nicht erfüllen. Darum sagte der tibetische Lama Thubten Zopa seinen deutschen Schülerinnen und Schülern bei der Gründung eines buddhistischen Seminarhauses in Bayern: »Wenn durch eure Arbeit auch nur ein Mensch einen heilsamen Gedanken mehr entwickelt als er es ohne euch täte, hat sich euer Einsatz gelohnt.«

Rechte Achtsamkeit

Wie wichtig dem Buddha die Achtsamkeit war, wird im Eingangsvers seiner Lehrrede über die Achtsamkeit deutlich:

> »Nur einen einzigen Weg gibt es ... der zu der Wesen Reinheit führt, zur Überwindung von Sorge und Jammern, zum Untergang von Schmerz und Kummer, zur Gewinnung des rechten Pfades und zur Verwirklichung des Nirwanas, nämlich die vier Grundlagen der Achtsamkeit.« (*)

Diese beziehen sich auf die vier Bereiche, auf die wir unsere Achtsamkeit lenken können: die körperlichen Empfindungen, Gefühle und emotionalen Reaktionen, unsere Grundstimmung und Gedanken. (*)

Den körperlichen Empfindungen kommt dabei eine Schlüsselrolle zu, da die anderen Bereiche sich auch körperlich manifestieren. Die grundlegenden Gefühlsqualitäten – angenehm, unangenehm und neutral – übersehen wir oft und erkennen sie erst im Rückblick, wenn sie bereits emotionale Reaktionen ausgelöst haben. Diese wiederum prägen unsere Grundstimmung, unsere Gedankenwelt und unsere Sicht der Welt. Richten wir unsere Achtsamkeit auf diese Prozesse, dann wird uns klar, wieviel wir selbst zu unserem Erleben beitragen, und wir fühlen uns weniger als Opfer.

Achtsamkeit bewahrt uns auch davor zu verdrängen, was wir nicht wahrhaben wollen. Menschen, die sich einem hohen Ideal verpflichtet haben, unterdrücken oft negative Tendenzen, die nicht in ihr Bild passen. Diese nehmen sie dann bei anderen umso schärfer und störender wahr und bekämpfen sie verbissen. Oder sie leben diese Gefühle aus, ohne es zu merken, was schädlicher ist, als wenn sie sich dessen bewußt wären. Durch Achtsamkeit erkennen wir also unser tatsächliches Verhalten. Dieses können wir natürlich nicht von heute auf morgen ändern, wenn wir vielleicht jahrelang unsere unheilsamen Gewohnheiten gepflegt haben.

Zwei Fallen gilt es zu vermeiden, nämlich entweder alles Wahrgenommene sofort ändern zu wollen, statt die inneren Prozesse erst einmal richtig wahrzunehmen, oder gar nichts im Leben mehr ändern zu wollen und alles kommentar- und klaglos zu erdulden. Vor allem Frauen neigen sehr dazu, ihren Unmut hinunter zu schlucken oder ihre Wut hinter aufgesetzter Freundlichkeit zu verstecken, ihre Grenzen zu ignorieren oder eine Opferhaltung als Pflicht zu deklarieren, besonders, wenn sie abhängig sind von äußerer Anerkennung. Auch hier hilft Achtsamkeit auf die körperlichen Empfindungen, durch die Anspannung, Überforderung oder Minderwertigkeitsgefühle sich bemerkbar machen.

Rechte Sammlung

Wenn von spiritueller Praxis die Rede ist, denken viele Menschen nur an dieses Übungsfeld: rechte Sammlung, den Geist ausrichten.

Ein wenig Konzentrationsvermögen besitzen wir alle, sonst könnten wir nicht einmal eine Tasse Kaffee kochen. Wenn unsere alte Nachbarin bereits nach zwei Minuten vergißt, was wir ihr soeben erst gesagt haben, merken wir, wieviel Konzentration im täglichen Leben nötig ist. Es fördert die Konzentrationsfähigkeit, den Alltag einfach zu strukturieren und klare Prioritäten zu setzen, uns für unsere Tätigkeiten zu interessieren und Prioritäten und Lebensenergie ins Gleichgewicht zu bringen. (*)

Der buddhistischen Tradition zufolge können wir das Erinnerungs- und das Konzentrationsvermögen aber auch gezielt schulen, indem wir unsere Aufmerksamkeit auf eine Sache ausrichten, zum Beispiel auf den Atem.

Für den Anfang reicht es, mit zwanzig, dreißig Prozent der Aufmerksamkeit das Ein- und Austreten des Atems an der Nasenspitze zu verfolgen. Dabei bemühen wir uns, nicht einzuschlafen und uns nicht in Bilder und Gedanken zu verlieren, also weder grober Trägheit noch grober Ablenkung zu verfallen, wie die buddhistische Tradition es nennt. Haben wir das ein, zwei Wochen lang täglich fünf bis zehn Minuten geübt, können wir vielleicht eine Minute lang beim Atem bleiben, auch wenn wir uns manchmal etwas dösig fühlen oder sich im Hintergrund unzählige Gedanken, Bilder und Erinnerungen tummeln.

Können wir nach einigen Wochen oder Monaten für etwa fünfzehn bis zwanzig Minuten beim Atem bleiben, beginnen wir damit, feine Trägheit und feine Ablenkung zu erkennen und aufzulösen. Bei feiner Trägheit schlafen wir nicht mehr ein, spüren den Atem aber auch nicht besonders deutlich. Es fehlt uns an Klarheit. Wir können uns dann etwas aufrechter hinsetzen und die Körperspannung erhöhen. Das macht wacher. Doch wenn wir uns dabei zu sehr anstrengen, verfallen wir der feinen Ablenkung. Das bedeutet: Im Hintergrund entstehen noch zu viele Bilder und Gedanken, auch wenn wir den Atem nicht mehr ganz verlieren. Dann müssen wir uns wieder etwas entspannen. Aber aufgepaßt, sonst verlieren wir uns wieder in Trägheit. Die Übung ist also eine Gratwanderung zwischen Ablenkung und Trägheit, zuviel und zuwenig Spannung, wie wenn man ein Gitarrensaite spannt: Spannt man sie zu fest, klingt es blechern; und es brummt, wenn man sie zu locker spannt. Nur durch Spielen erkennen wir den richtigen Ton.

Vertieft sich die Konzentration, wird der Atem mitunter so fein, daß er kaum noch zu spüren ist. Manche Menschen glauben dann, sie machten etwas falsch. Dem ist aber nicht so. Der feine Atem ist eine natürliche Folge der Konzentration. Meist fühlen wir dann auch ein intensives körperliches Wohlbehagen, oft verbunden mit einem angenehmen Gefühl von Wärme, Strömen, Pulsieren oder einem leichten Vibrieren.

Feiner Atemfluß und angenehme Körpergefühle können die erste von acht Sammlungsstufen anzeigen. Will man diese kennenlernen, läßt man das Meditationsobjekt los und richtet die Aufmerksamkeit auf das Wohlbefinden, das durch die angenehmen körperlichen Empfindungen ausgelöst wird. Das gelingt meist leicht, denn auf schöne Erfahrungen konzentrieren wir uns gern. Interesse, eine Nebenbedeutung des Pali-Begriffs für die erste Sammlungsstufe oder Vertiefung, liefert den Schlüssel für diese Erfahrung: Interessieren wir uns für das, was wir tun, können wir uns leicht darauf konzentrieren, ohne Druck und Willensanspannung.

Konzentrieren wir uns nun auf das Wohlbehagen, können wir die zweite Sammlungsstufe erreichen: Freude; eine sehr reine und intensive Freude, die das Herz öffnet. Konzentrieren wir uns auf diese Freude oder Liebe, dann stillt sie jedes Verlangen, und wir erfahren auf der dritten Stufe große Zufriedenheit, die auf der vierten zu tiefer Ruhe führt. (*)

Die nächsten Stufen werden überweltliche Vertiefungen genannt: Zuerst lösen sich die körperlichen Grenzen auf, und wir erfahren die Unendlichkeit des Raumes. Nur ein unendliches Bewußtsein wäre dazu in der Lage, und auf der nächsten Stufe erfahren wir es. Die siebte schließlich wird als Erleben des Nichts beschrieben und die achte als Grenzerfahrung zwischen Wahrnehmung und Nicht-Wahrnehmung.

Ayya Khema legte großen Wert auf die verlorene Kunst der Sammlungsstufen, warnte aber auch davor, sie zu einem Hindernis werden zu lassen: Sie sind so angenehm, daß sie leicht Anhaftung wecken. Akzeptieren wir aber ihre Vergänglichkeit, können wir auf jeder Stufe etwas lernen. Auf der ersten Stufe erkennen wir: Um uns wohl zu fühlen, brauchen wir kein äußeres Objekt. Die Liebe und Freude der zweiten Stufe macht uns unabhängiger von äußerer Zuwendung. Durch die tiefe Zufriedenheit schätzen wir den Frieden des Herzens mehr als selige Verzückung, und in der vierten Stufe der großen Stille tritt das Ichgefühl so stark in den Hintergrund, daß wir seine mangelnde Substanz erahnen.

Der Buddha hatte diese Konzentrationsübungen von Hindu-Yogis gelernt, erkannte sie dann aber als nicht ausreichend, denn sie sind unbeständig. Sie verlieren sich, wenn wir sie nicht kontinuierlich üben. Tiefe Einsicht aber bleibt. Durch sie können wir Frieden und Befreiung finden. Allerdings können wir mit einem gesammelten Geist leichter zu tiefen Einsichten gelangen.

Manche buddhistische Traditionen legen weniger Wert auf die Sammlung und konzentrieren sich vor allem auf Ethik und Einsicht. Manche Lehrerinnen und Lehrer sagen sogar, die erste Sammlungsstufe genüge für die meisten Meditationsübungen.

Doch wird die letztendlich angestrebte tiefe Einsicht von verschiedenen Menschen auf verschiedenen Wegen erreicht. Einige entwickeln zuerst Sammlung und dann tiefe Einsicht. Andere haben spontan tiefe Einsichten, die sie nur durch Sammlung stabilisieren können. So wirken Einsicht und Sammlung zusammen und verstärken einander. Wir müssen selbst herausfinden, was wann geeignet ist für uns. Meist kann in intensiven Übungsphasen eher Sammlung entwickelt werden, im täglichen Leben dagegen eher Ethik und Weisheit. Zu letzterer gehören rechte Einstellung und rechte Einsicht, die wir nun behandeln möchten.

Rechte Einstellung

Absichten und Einstellungen führen zu Handlungen und bestimmen auch deren Folgen. Drei unheilsame und drei heilsame Einstellungen unterscheidet man im Buddhismus: Gier, Haß und Unwissenheit, die zu unangenehmen Gefühlen führen, und Klarheit, Mitgefühl und Großzügigkeit, durch die alle Beteiligten mehr Glück erfahren. Wir selbst natürlich eingeschlossen. Dies sei vor allem Frauen gesagt, die Mitgefühl nur für andere empfinden, nicht aber für sich selbst.

Wie können wir heilsame Einstellungen entwickeln? Zunächst einmal müssen wir sie uns bewußt machen, da wir mit verborgenen Einstellungen nicht arbeiten können. Erkennen wir nun die verschiedenen Facetten von Habenwollen, Nichthabenwollen und Unwissenheit, dann hilft es nichts, sich unter Druck zu setzen oder nur über gute Absichten nachzudenken. Lassen wir aber alles los, was nicht Buddha-Natur ist, dann leuchten Klarheit, Mitgefühl und Großzügigkeit ganz natürlich auf.

Rechte Einsicht

Rechte Einsicht entsteht, wenn wir bestimmte Wahrheiten im Herzen bewegen, und bezieht sich auf die Einsicht in die vier edlen Wahrheiten, in die zwei Ebenen der Wirklichkeit und in die drei Daseinsmerkmale.

Die vier edlen Wahrheiten sind Thema dieses und des vorigen Kapitels. Durch sie gewinnen wir also Einsicht in Leiden, seine Ursachen, sein Ende und den Weg zu seiner Überwindung.

Auch die beiden Ebenen der Wirklichkeit habe ich bereits behandelt: die relative Ebene der vielfältigen Standpunkte und die absolute Ebene, auf der alle Standpunkte als relativ erkannt werden. Normalerweise sehen wir immer nur einen Ausschnitt. Zum ganzen Bild gehören aber alle Beteiligten, alle Standpunkte und der offene Raum, in dem alles geschieht.

Die drei Daseinsmerkmale sind Leiden, Unbeständigkeit und Substanzlosigkeit. Wir gewinnen also Einsicht in das direkte Leiden, die subtileren Formen der Unzufriedenheit und das allesdurchdringende Leiden der Dualität, und zwar nicht nur über den Verstand, sondern indem wir immer wieder spüren, wie Leiden entsteht. Wir erkennen auch die Unbeständigkeit von Sinnesfreuden, Beziehungen und Arbeitsverhältnissen, so daß wir uns nicht länger an sie klammern. Und wir suchen nicht länger Sicherheit in dem, was keine Substanz hat, nämlich im Ich und Mein. Es gibt kein Ich, das Erfahrungen macht, Körper und Geist besitzt oder irgend etwas kontrollieren könnte. Es gibt nur den ständigen Fluß körperlicher und geistiger Prozesse, die nach bestimmten karmischen Mustern ablaufen. Verwechseln wir nicht länger Glück mit Leid und halten Unbeständiges und Substanzloses nicht länger für beständig und existent, dann öffnet sich der Weg in den Frieden des Nirwanas.

Der Alltag bietet viele Gelegenheiten, Einsichten zu gewinnen. Doch brauchen wir auch ein gewisses Maß an Innenschau, Übung und Kontemplation. Dabei ist das optimale Verhältnis von Aktion und Kontemplation von Mensch zu Mensch verschieden. Lama Thubten Yeshe sagte: »Wer den ganzen Tag meditieren kann und das auch tut, den unterstützen wir gerne. Wer das nicht kann, sollte täglich ein wenig üben und einen Teil seiner unruhigen Energie dem Studium der Lehren und dem Dienst am Nächsten widmen.« Der englische Vipassana-Lehrer Christopher Titmuss schlägt vor, das Verhältnis zwischen Übung und tätiger Nächstenliebe immer wieder neu zu überprüfen. »Das Wichtigste im Leben ist, anderen Menschen zu dienen, ihnen Gutes zu tun! Dabei unterstützen uns systematische Übungen. Können wir nicht mehr mit ganzem Herzen für andere arbeiten, dann müssen wir wieder mehr Gewicht auf die systematische Übung legen.« Um diese geht es im nächsten Kapitel.

Die tägliche Praxis

Auf dem geistigen Weg wenden wir Methoden und Techniken an, üben neue Verhaltensweisen und machen uns mit Lehren und Weisheiten vertraut. Dies sind Hilfsmittel, Schlüssel, die sicher in der Hand liegen müssen. Doch müssen wir auch wissen, wo das Schlüsselloch ist, und – das Allerwichtigste – die Tür auch öffnen wollen.

Mit einer verbissenen Schäferhund-Mentalität – Sitz! Konzentrier dich! Hör auf zu träumen! – kommen wir allerdings nicht sehr weit. Haben wir aber den tiefen Wunsch nach Selbsterkenntnis, dann müssen wir uns nicht aufs Kissen prügeln. Wir interessieren uns ganz einfach für unsere physischen und psychischen Prozesse: körperliche Verspannungen, Stimmungen und Gedanken, angenehme und unangenehme Gefühle und unsere emotionalen Reaktionen darauf. Wir lernen, diese ruhig zu beobachten, ohne sie abzulehnen oder festhalten zu wollen.

Sind wir mit der Übung vertraut, werden wir diese Haltung entspannter Wachheit ganz unwillkürlich auch im Alltag einnehmen. So können wir Anspannungen, negative Stimmungen und Gedanken schon bemerken, ehe sie sich festgefahren haben. Das befreit von inneren Dramen – Klagen, Selbstmitleid und überzogenen Erwartungen – und hilft, den Herausforderungen des Lebens mit Humor und Mut, Kreativität und Intelligenz zu begegnen.

Mit der Zeit erfahren wir in der Übung aber auch tiefere Ebenen von Offenheit, Klarheit und Verbundenheit, von Ruhe,

Dankbarkeit und Freude, was dem Leben Sinn und Stabilität verleiht.

Wahl der Übung

In diesem Buch haben wir bereits eine Reihe von Übungen vorgestellt, meist geführte Selbsterforschungen, die der Klärung von bestimmten Schwierigkeiten und Problemen dienen und den Einstieg in die systematische Praxis erleichtern. Die nun folgenden Übungen setzen schon eine gewisse innere Ruhe und Konzentrationsfähigkeit voraus. Am besten probieren Sie aus, was Sie anspricht und zum Üben motiviert. Es kommt nicht so sehr auf die Methode an, sondern darauf, eine Übung regelmäßig durchzuführen und sich nicht zu überfordern, denn dann werden Sie die Übung bald wieder aufgeben wollen.

Vielleicht fassen Sie schon jetzt den Entschluß: Ich will eine Woche lang täglich fünf oder zehn Minuten eine der folgenden Übungen durchführen. Legen Sie Ort und Zeit fest und üben Sie dann eine Woche, ohne zu überlegen, ob Sie das nun tun wollen oder nicht. Nach einer Woche überprüfen Sie Ihre Erfahrungen. Haben Sie manchmal zur Ruhe finden können? Oder wurden Sie ständig geplagt von Unruhe oder Müdigkeit? War diese auch schon vorher da? Dann haben Sie zumindest Einsicht gewonnen. Oder haben Sie sich, wenn die Meditation selbst nicht besonders angenehm war, nachher vielleicht ruhiger und klarer gefühlt? War die tägliche Praxis auch nur ein wenig nützlich und hilfreich, beschließen Sie wieder, die Übung eine Woche lang täglich zu machen. Bei Bedarf können Sie ein, zwei Minuten länger üben und die Zeitspanne allmählich auf fünfzehn bis zwanzig oder dreißig Minuten erhöhen. Solange Sie vier, fünf Mal pro Woche üben, werden Sie die heilsame Wirkung deutlich spüren.

Sollten Sie sich während der Meditation extrem unwohl fühlen oder gar kein Lust zu üben haben, kann ein Gespräch mit erfahrenen Praktizierenden oder Lehrenden hilfreich sein. Auch

Bücher von kompetenten AutorInnen können helfen, wenn sie zur selbständigen Praxis ermutigen und diese durch praktische Hinweise unterstützen

Haben Sie etwas mehr Erfahrung, können Sie einen Übungsplan erstellen mit wechselnden Übungen – je nach Neigung und Bedürfnissen – sowie einer Hauptübung, die Sie kontinuierlich durchführen, so daß sie Ihre augenblickliche Verfassung spiegelt. Ein ausgewogener Übungsplan enthält täglich eine Übung, die Freude weckt, eine zur Konzentrationssteigerung und eine, welche Einsicht fördert, wie die Kontemplation über einen Leitsatz oder ein Zitat, das Sie besonders anspricht.

Ort und Zeit

Tägliche Übungen sind leichter durchzuführen, wenn Sie einen festen Ort dafür reservieren. Sie können ihn ansprechend herrichten, zum Beispiel mit einer Blume, einer Kerze, einem Bild oder einem Stein. Halten Sie auch ein Sitzbänkchen bereit, ein Kissen oder eine Yogamatte oder Wolldecke, je nachdem, in welcher Position Sie üben möchten.

Sie müssen nicht immer zur selben Uhrzeit üben, doch empfiehlt es sich, eine bestimmte Zeit im Tagesablauf einzuhalten, vielleicht vor der Arbeit oder vor dem Zubettgehen. Probieren Sie einfach aus, wann es Ihnen am leichtesten fällt und Sie am wenigsten gestört werden.

Körperhaltung

Sie können alle Übungen im Sitzen oder Liegen durchführen.

Der Bodensitz: Setzen Sie sich auf eine feste Unterlage – ein Kissen oder eine mehrfach gefaltete Decke – und kreuzen Sie die Beine. Die Knie sollten auf dem Boden aufliegen. Notfalls können Sie eine Decke darunter legen. Der Rücken ist aufrecht, die Schultern sind entspannt, und die Hände liegen locker auf den

Oberschenkeln. Ungeübten können anfangs die Knie schmerzen. Doch für den Rücken ist der Bodensitz eher angenehm.

Der Kniesitz: Legen sie zwischen die Beine eine feste Unterlage, die im allgemeinen höher sein dürfte als beim Bodensitz. Halten Sie den Rücken aufrecht und suchen Sie eine Haltung, bei der Sie die Knie nicht zu sehr belasten, aber auch nicht zu weit nach hinten lehnen. Der Kniesitz entlastet die Beine. Allerdings kann der Rücken schmerzen. Sie können darum auch zwischen Knie- und Bodensitz wechseln.

Im Liegen: Legen Sie sich auf eine Decke oder Yogamatte. Um den unteren Rücken zu entspannen, legen Sie ein dickes Kissen oder eine zusammengefaltete Decke unter die Knie. Achten Sie darauf, symmetrisch zu liegen. Falls Sie im Liegen immer einschlafen, sollten Sie eher im Sitzen üben. Wenn Sie zu Verspannungen neigen oder sich leicht überanstrengen, sollten Sie immer wieder auch im Liegen üben und versuchen, wach zu bleiben.

Auf einem Stuhl: Falls die genannten Haltungen Ihnen Schwierigkeiten bereiten, können Sie auch auf einem Stuhl üben. Setzen Sie sich auf den vorderen Rand, aufrecht, stabil und bequem. Die Hände liegen locker auf den Oberschenkeln. Die Füße stehen etwa schulterbreit auseinander fest auf dem Boden. Ist der Ihnen zu kühl, können Sie eine Decke unter die Füße legen. Sie können auch ein Kissen auf den Stuhl legen: Durch die leicht nach unten geneigten Oberschenkel wird der Rücken entlastet.

Übung: Die Erde spüren

Vorbemerkung: Diese Übung kann hilfreich sein, wenn Sie sich unruhig oder zuwenig geerdet fühlen, wenn Sie kraftlos sind oder Sorgen und aufgewühlte Emotionen Sie plagen. Dabei spüren Sie zuerst die Festigkeit der Erde und aller festen Dinge im Außen und richten dann Ihre Aufmerksamkeit auf die festen Bestandteile Ihres Körpers. So spüren Sie Ihre innere Festigkeit und Stabilität.

Spüren Sie den Boden unter sich. Spüren Sie die Stellen, wo der Körper den Boden berührt. Atmen Sie in diese Stellen hinein. Spüren Sie das Gewicht Ihres Körpers auf dem Boden. Spüren Sie, wie der Boden Sie trägt. Spüren Sie die Festigkeit und die Stabilität der Erde.

Richten Sie Ihre Achtsamkeit nun auf die festen Bestandteile Ihres Körpers: Knochen, Muskeln, Sehnen, Gewebe und Haut. Spüren Sie die Festigkeit Ihres Körpers, die Kraft, die darin steckt.

Immer, wenn Sie Ihre Aufmerksamkeit auf die festen Dinge im Außen oder auf die festen Bestandteile des Körpers richten, spüren Sie Festigkeit.

Ruhen Sie für eine Weile in diesem Gefühl der Festigkeit und Stabilität.

Übung: Den Raum spüren

Vorbemerkung: Wenn Sie sich eingeengt und überfordert fühlen, träge oder schwer, kann es Ihnen helfen, den äußeren Raum zu spüren und dann Ihre Aufmerksamkeit auf die Hohlräume in Ihrem Körper richten. So finden Sie Zugang zu Ihrem geistig-seelischen Raum, einer offenen Weite, in der alles Platz hat.

Richten Sie Ihre Aufmerksamkeit auf den Raum um sich herum, im Zimmer und draußen, unter und über den Wolken. Spüren Sie die Offenheit und Weite. Alles hat darin Platz: Sie selbst mit all Ihren Stärken und Schwächen, Angenehmes und Unangenehmes, Ihre Mitmenschen, alle Tiere, Städte und Berge, Flüsse und Meere, der Mond und die Sterne.

Richten Sie nun Ihre Aufmerksamkeit auf die Hohlräume in Ihrem Körper. Spüren Sie den Nasenraum, den Mundraum, die Hohlräume im Kehlbereich, in den Lungen, im Magen, im Bauch, im Beckenbereich. Spüren Sie den Raum im Körper.

Immer, wenn Sie Ihre Aufmerksamkeit auf den Raum im Außen und im Körper richten, spüren Sie Raum.

Ruhen Sie für eine Weile in diesem Gefühl des Raums, im Gefühl der offenen Weite.

In diesem inneren Raum hat alles Platz: Körperempfindungen, angenehme und unangenehme Gefühle, gute und schlechte Laune und alle Gedanken. Und die Erfahrung grundlegender Offenheit, Klarheit und Feinfühligkeit, die Erfahrung von Buddha-Natur, der klaren und erkennenden Natur der tiefsten Schicht des Geistes.

In dieser offenen Weite wohnt das Vertrauen, das es für alle Probleme eine Lösung gibt, auch wenn wir sie heute noch nicht kennen. (*)

Übung: Den Atem spüren

Vorbemerkung: Eine grundlegende Übung, innere Ruhe zu finden, ist die Achtsamkeit auf den Atem. Für den Anfang reicht es, mit etwa 20 bis 30 Prozent der Aufmerksamkeit bei der Sache zu bleiben. Wenn Sie mehr von sich verlangen, ermüden Sie leicht oder fühlen sich überfordert. Solange Sie sich bemühen, beim Atem zu bleiben, ist jede Sekunde wertvoll, denn entweder kommen Sie zur Ruhe, oder Sie gewinnen an Selbsterkenntnis, wenn Sie abschweifen und merken, was Sie gerade beschäftigt.

Wollen Sie diese Übung jeden Tag durchführen, so üben Sie sie etwa einen Monat lang täglich 5-10 Minuten. Das ist wirksamer, als einmal in der Woche eine halbe Stunde zu üben. Nach und nach können Sie Ihre Meditationszeit verlängern und Ihre Aufmerksamkeit verfeinern. Durch tägliche Übung über einen Zeitraum von einigen Monaten nimmt Ihre Konzentrationskraft zu, Ihre Aufmerksamkeit wird schärfer und Sie erfahren Momente der Ruhe und des Friedens.

Spüren Sie den Atem an den Nasenöffnungen, den Luftzug, den das Aus- und Einatmen verursacht, und begleiten Sie diesen Prozeß, indem Sie beim Ausatmen innerlich »Aus« sagen. Beim Einatmen können Sie die Aufmerksamkeit lockern.

Sie können auch auf das Heben und Senken der Bauchdecke achten und innerlich »Heben – Senken« sagen. Ist Ihnen das zu schwierig, können Sie auch auf die Atembewegungen im gesamten Oberkörper achten und im Rhythmus des Atems innerlich »Ein – Aus« sagen.

Sind Sie eher unruhig, können Sie den Weg des Atems von den Nasenöffnungen bis in den Bauchraum und wieder zurück zur Nase verfolgen.

Wenn Ihre Aufmerksamkeit abschweift, werden Sie das nach einiger Zeit merken. Freuen Sie sich darüber und loben Sie sich dafür. Vertiefen Sie sich dann nicht weiter in diese Vorstellungen, sondern registrieren Sie nur kurz, was Sie gedacht haben. So gewinnen Sie Einsicht in das, was Sie beschäftigt. Benennen Sie es mit einem einfachen Begriff wie »Hören, Spüren, Denken, Vergangenheit, Zukunft, angenehm, unangenehm« und kehren Sie dann zum Atem zurück.

Übung: Den Körper spüren

Vorbemerkung: Diese klassische Übung entspannt, gibt Energie und hilft, sorgenvolle und aufgeregte Gedanken loszulassen. Wir achten dabei auf die körperlichen Empfindungen – kalt, warm, trocken, prickeln, klopfen, stechen, pulsieren, leicht, schwer, verspannt –, ohne uns in emotionale Reaktionen und Erklärungen zu verlieren. Sie können Teile der Übung oder die ganze Übung in einigen Minuten durchführen. Wollen Sie sie gründlich machen, sollten Sie 20-40 Minuten darauf verwenden und sich am Ende noch einige Minuten Ruhepause gönnen.

Es gibt verschiedene Varianten dieser Übung. Probieren Sie aus, was Ihnen am meisten zusagt. Unruhige Menschen sollten mit der Aufmerksamkeit vom Scheitel zu den Füßen wandern. Sind Sie müde, können Sie umgekehrt verfahren. Das macht wach und gibt Energie. Sie sollten aber zum Abschluß noch einmal in ein, zwei Minuten vom Scheitel zu den Füßen wandern.

Sie sitzen oder liegen auf dem Boden. Spüren Sie die Stellen, wo der Körper die Unterlage berührt. Spüren Sie, wie sich der Druck beim Atmen verändert. Achten Sie auf die Bewegungen, die der Atem im Körper verursacht.

Achten Sie nun auf die Empfindungen im Scheitelbereich: warm, kühl, pulsieren, stechen, kribbeln. Spüren Sie die Augenpartie, die Schläfen, die Ohren, die Wangen, den Nasenbereich, den Mund, den Mundinnenraum und den Unterkiefer. Spüren Sie die Empfindungen am Hinterkopf, im ganzen Kopf, innen und außen. Registrieren Sie alle Empfindungen, ohne sich in Phantasien zu verlieren oder zu überlegen, was diese Empfindungen bedeuten oder wie Sie damit umgehen sollten. Manchmal werden Sie gar nichts spüren oder etwas, das Sie nicht beschreiben können. Registrieren Sie das und machen Sie sich keine Sorgen darüber.

Gehen Sie nun mit Ihrer Wahrnehmung weiter zum Halsbereich, innen und außen. Spüren Sie die Schultern, die Oberarme, die Ellbogen, die Unterarme, die Handgelenke, die Hände, die einzelnen Finger. Achten Sie dann auf die Empfindungen im Brustraum, innen und außen, und im Bauchbereich. Spüren Sie die Schulterblätter und den ganzen Rücken, von oben nach unten, den Beckenbereich, die Hüften, die Lenden, die Oberschenkel, die Knie, die Unterschenkel, die Knöchel, die Füße, die Sohlen und die einzelnen Zehen.

Versuchen Sie nun, den Körper als Ganzes wahrzunehmen, vom Scheitel bis zu den Sohlen.

Übung: Gehen

Vorbemerkung: Ergänzend zur Sitzpraxis können Sie auch im Gehen üben. Sind Sie vertraut damit, können Sie auch beim Spazierengehen oder Einkaufen »mit Freude«, mit Achtsamkeit gehen.

Suchen Sie beispielsweise in der Wohnung oder im Garten eine Strecke von zwanzig, dreißig Schritten und gehen Sie im normalen

Tempo hin und her. Richten Sie Ihre Aufmerksamkeit auf die Füße, auf den Kontakt mit dem Boden und registrieren Sie »links« und »rechts«, wenn Sie den jeweiligen Fuß aufsetzen.

Dann verlangsamen Sie das Tempo. Registrieren Sie die einzelnen Phasen und benennen Sie sie mit »heben, oben, senken«. Schweifen Sie mit den Gedanken ab, registrieren Sie, was Sie gerade denken, und benennen es kurz mit »Vergangenheit, Zukunft, Denken, Hören, Pläne«. Dann richten Sie Ihre Achtsamkeit wieder auf das Gehen.

Sie können das Gehen auch mit einfachen Sätzen oder Worten verbinden, wie zum Beispiel: »Ja zum Leben« (rechts) und »Danke fürs Leben« (links). Beim schnellen Gehen können Sie im Rhythmus des Gehens »Ja – Danke« sagen.

Übung: Gedanken beobachten

Vorbemerkung: Wenn zuviele Gedanken Sie vom Atem oder den körperlichen Empfindungen ablenken, können Sie Ihre Aufmerksamkeit auch direkt auf den Gedankenstrom lenken. Auf diese Weise erkennen Sie, ob Sie zum Beispiel dazu neigen, zu jammern oder sich Sorgen zu machen, von der Zukunft zu träumen oder sich selbst und anderen Vorwürfe zu machen. Die Einsicht, daß all dies Sie nicht glücklich macht, wird Ihnen helfen, die Gedanken loszulassen.

Leiden Sie an einem akuten Problem oder einem großen Kummer, dann ist es wenig sinnvoll, dieses verdrängen zu wollen. Lassen Sie aber auch nicht zu, daß es jede Minute Ihres Tages überschattet. Sie können sich eine bestimmte Zeit dafür reservieren. Merken Sie während der Meditation, daß Sie schon wieder an Ihren Problemen nagen, können Sie sich sagen: »Dann-und-dann werde ich mich darum kümmern. Jetzt mache ich Urlaub davon.«

Richten Sie Ihre Aufmerksamkeit auf Ihre Gedanken und benennen Sie sie mit »Denken«, wenn sie sich auf die Gegenwart beziehen.

Erinnerungen etikettieren Sie mit »Vergangenheit« und Pläne, Hoffnungen und Sorgen mit »Zukunft«. Unterscheiden Sie auch zwischen angenehmen und unangenehmen Gedanken, ohne sich an die einen zu klammern oder die anderen abzulehnen. Beobachten Sie sie nur wie einen Fluß, in den Sie nicht hineinspringen, oder eine Herde von Pferden, die Sie nicht besteigen müssen. Sind Sie wieder einmal aufgesprungen, freuen Sie sich, daß Sie es gemerkt haben. Benennen Sie kurz die »Rasse« – Denken, Vergangenheit oder Zukunft und angenehm oder unangenehm – und lassen Sie das »Pferd« dann weiterziehen. Sie können auch neue Gattungen erfinden für Ihre drei bis vier »Lieblingsrosse«, zum Beispiel »Träumerei«, »Geldsorgen«, »böse Welt« oder »Ehedrama«.

Mit der Zeit ziehen immer weniger Gedanken durch Ihren Geist. Genießen Sie die Stille, den Frieden.

Übung: Liebe

Vorbemerkung: Auch im Christentum gilt die Maxime: Liebe Deinen Nächsten wie dich selbst. Sogar unsere Feinde sollen wir lieben. Ein solcher Anspruch ist allerdings schwer zu erfüllen. Vielleicht wollen wir das nicht einmal. Machen wir uns aber klar, daß wir selbst am meisten unter unserem Ärger und unserem Selbstmitleid zu leiden haben, werden wir uns davon befreien wollen. Doch ohne Übung geht es nicht.

Nehmen Sie einen Spiegel oder stellen Sie sich vor, Sie sitzen sich selbst gegenüber. Schauen Sie die Person genau an. Wie sitzt sie da? Wie sieht sie aus? Welchen Gesichts- und Körperausdruck hat sie? Welchen Eindruck vermittelt sie? Doch werten Sie nicht, beobachten Sie nur.

Öffnen Sie dann Ihr Herz und senden Sie sich selbst Liebe und so viele gute Wünsche, wie Ihnen einfallen, zum Beispiel: Möge ich gesund sein. Möge ich lieben und geliebt werden. Möge ich eine Arbeit finden, bei der ich meine Lebensenergie gut ausdrücken kann. Möge ich inneren Frieden finden. Möge ich glücklich sein.

Wiederholen Sie die Übung nun mit einer Person, die Ihnen nahe steht: Schauen Sie sie an und wünschen Sie ihr, was sie braucht und was ihr Freude macht.

Als nächstes üben Sie mit einer Person, die Ihnen gleichgültig ist. Senden Sie auch ihr Liebe. Wünschen Sie ihr, glücklich zu sein.

Zum Schluß üben Sie mit einer Person, mit der Sie Probleme haben, die Sie auf die Palme bringt, deren bloße Anwesenheit all Ihre negativen Seiten hervorlockt. Betrachten Sie sie einfach, ohne zu werten, zu jammern oder innerlich zu schimpfen. Sehen Sie sie nur an. Bleiben Sie entspannt und in dem Gefühl des Wohlbefindens, das Sie sich selbst geschenkt haben. Versuchen Sie nun, auch dieser Person Liebe zu senden. Können Sie das nicht, dann genügt es, ihr kein Leid zu wünschen. Denken Sie an das Schlimmste, was Ihnen jemals zugstoßen ist. Können Sie wirklich wünschen, dieser Person möge so etwas geschehen? Wahrscheinlich nicht. Also haben Sie zumindest Mitgefühl mit ihr. Sie können Ihre negativen Ansichten auch in positive Wünsche verwandeln: Mögest du frei sein von deinem Geiz, denn er macht dich eng und dein Leben arm. Mögest du frei sein von deinem Mißmut und deinem Bedürfnis, mich zu demütigen, denn das macht auch dich unglücklich. Mögest du Einsicht gewinnen in dein Tun, so daß du es künftig läßt.

Freuen Sie sich über die Großmut, mit der Sie sogar Ihren Feinden Gutes wünschen können.

Zuflucht

Spüren wir einen tiefen Wunsch nach Selbsterkenntnis und Erfahrungen aus erster Hand und brennt uns die Frage nach Leben und Tod auf der Haut, dann begeben wir uns auf einen religiösen Weg. Meist finden wir dort eine Dreiheit von Vorbild, Lehre und geistiger Gemeinschaft. Im Christentum ist Jesus Christus das Vorbild, die Bibel weist den Weg, und in der Kirche finden die Gläubigen eine Gemeinschaft, die sie stärkt und inspiriert. Im

Buddhismus nimmt man Zuflucht zu den sogenannten drei Juwelen Buddha, Dharma und Sangha; zum Buddha als Symbol für das Ziel, zu den Lehren als dem eigentlichen Weg und zur Sangha, der geistigen Gemeinschaft, die uns Vorbild und Unterstützung ist.

Buddhas inspirieren uns und offenbaren, was in uns steckt: Buddha-Natur.

Durch das Dharma – die Lehren und Übungen – erkennen wir uns selbst und unsere Hindernisse. Wir lernen, sie loszulassen, so daß unsere innere Weisheit sich ganz natürlich entfalten kann. Wegen der großen Vielfalt von buddhistischen Übungen können alle Menschen mit ihren verschiedenen Stärken, Schwächen und Konditionierungen für sie geeignete Übungen finden. Manche können uns viele Jahre lang begleiten, denn es reicht nicht aus, durch sie einmal einen kurzen Blick in diese oder jene Welt getan zu haben. Die deutschstämmige Zen-Meisterin Gesshin Prabhasa Dharma Roshi formulierte eine alte Zen-Weisheit mit den Worten: »Wenn du dein wahres Wesen erkannt und eine tiefe Erleuchtungserfahrung gemacht hast, mußt du noch dreißig Jahre weiter üben, um dich mit dieser Erfahrung ganz vertraut zu machen.«

Die Sangha – die Gemeinschaft der Lehrenden und Übenden – hilft uns, den Weg zu gehen. Lektüre und Meditationstechniken allein können keine Umwandlung bewirken. Dazu bedarf es einer Gemeinschaft von Gefährtinnen und Gefährten und eines persönlichen Kontaktes mit lebendigen Lehrerinnen und Lehrern, die wissen, was sie tun, und leben, was sie lehren.

Leider sind nicht alle Lehrenden eines geistigen Weges integer. Manche brauchen oder mißbrauchen ihre SchülerInnen für ihre eigenen Bedürfnisse. Haben die Lehrenden jedoch ein gewisses Maß an innerer Unabhängigkeit erreicht, können sie auf Fallen hinweisen und uns helfen, uns selbst zu erkennen. Dabei zeigen sie uns nicht nur unsere Schwächen, sondern auch unsere Stärken: Was immer wir an ihnen achten und verehren – ihre Weisheit, ihre Kraft und ihren Humor, ihre Großzügigkeit und Herzenswärme – , das tragen wir auch in uns, sonst könnten wir es gar nicht sehen. Und durch die Beziehung werden diese Qualitäten genährt.

Ob ein Lehrer oder eine Lehrerin unsere Entwicklung fördert, läßt sich an unserem Selbstvertrauen ablesen. Fühlen wir uns nichtig und klein in der Nähe der verehrten Person, dann idealisieren wir sie in dem Gefühl inneren Mangels und sehen unseren einzigen Wert darin, zu ihr zu gehören. Dies mag das Leiden an unterschwelligen Minderwertigkeitsgefühlen für eine Weile lindern, doch auf Dauer hemmt es die Entwicklung. Gute Lehrerinnen und Lehrer ermutigen uns dagegen zur Eigenständigkeit und stärken unser Selbstvertrauen. Sie vermitteln uns das Dharma und helfen uns, umzusetzen, was wir eingesehen haben. So werden wir fähig, den Weg selbst zu gehen, selbst Sangha zu sein.

Der Weg aller Buddhas ist ein Weg tiefer Selbsterfahrung, der sich in uns selbst entfaltet: Mit der Zuflucht zu den äußeren Juwelen gewinnen wir Zugang zu den inneren Juwelen, zu Buddha-Natur, innerer Weisheit und der Fähigkeit, den Weg zu gehen.

Anhang

Überblick über die Übungen

In alphabetischer Reihenfolge

Als Heilmittel

Zur Entwicklung von …		Name der Übung	Seite
Achtsamkeit	–	Den Atem spüren	187
		Gehen	189
		Stimmung	125
Allheilmittel	–	Heilsame Gedanken säen	129
		Nehmen und Geben	60
		Offenheit, Klarheit, Feinfühligkeit	44
		Sternstunden	45
Einsicht	–	Das ist mein Gott	150
		Den Atem spüren	187
		Die Wirklichkeit erkennen	79
		Offenheit, Klarheit, Feinfühligkeit	44
Energie	–	Den Körper spüren	188
		Trägheit und Energie	157
Entschlußkraft	–	Eine aktuelle Entscheidung	159
		Zweifel und Unentschlossenheit	159
Erdung	–	Die Erde spüren	185
Ethik	–	Erfahrungen mit Gewalt	86
		Klatsch und Tratsch	104
		Lügen	101
		Meine eigenen Regeln	95
		Verletzen	106
Freude	–	Angenehme Gefühle	122
		Die fünf Sinne	38
		Heilende Konzentration	153
		Mein Leben ist kostbar	39
		Mitfreude	54
		Offenheit, Klarheit, Feinfühligkeit	44
		Sternstunden	45
		Stimmung	125
Freude	–	Was klappt im Leben?	53
		Wert zuschreiben	74
Geschick im Handeln	–	Zusammenhänge erfassen	76
Gleichmut	–	Freund, Feind, Fremde	64
		Gleichmut	64
Großzügigkeit	–	Geben können	87
guten Beziehungen	–	Ärger	155
		Ausgewogene Beziehungen	89
		Beziehungen und Ethik	96
		Freund, Feind, Fremde	64

Zur Entwicklung von ...	Name der Übung	Seite
Verantwortungsgefühl –	Verantwortung übernehmen	25
Verbundenheit –	Freund, Feind, Fremde	64
	Offenheit, Klarheit, Feinfühligkeit	44
	Verbindung spüren	72
innerem Wachstum –	Konflikte und Wachstum	86
	Neid als Weg zum »Mehr«	54

Anmerkungen

(S. 10) Mit diesen drei Begriffen beschreibt Rigdzin Shikpo (Michael Hookham) Buddha-Natur. Die Erklärungen über Buddha-Natur in diesem Buch folgen weitgehend seinen Unterweisungen. Sie sind jetzt auch in deutscher Sprache als Buch erschienen: Rigdzin Shikpo, *Meditation und Achtsamkeit, Schlüssel zu innerem Vertrauen.* Theseus, Berlin 1999.

(S. 15) Die meisten in Deutschland angebotenen Tantra-Kurse sind von hinduistischen Lehren inspiriert und dienen mehr der Selbsterfahrung als der spirituellen Entwicklung. Buddhistisches Tantra betont die Bedeutung von tiefer Einsicht. Damit tantrische Übungen Anhaftung nicht verstärken, braucht es einen kraftvollen und meditativ geschulten Geist, sehr viel Einsicht und emotionale Offenheit. Eine verständliche Einführung in die Prinzipien und Methoden des buddhistischen Tantra gibt Lama Thubten Yeshe in: *Wege zur Glückseligkeit, Einführung in Tantra.* Diamant, München 1988. Ders., *Die Grüne Tara, Weibliche Weisheit. Grundlagen des buddhistischen Tantra.* Diamant, München 1998.

(S. 17) Die buddhistische Psychologie wird in den Abhidharma-Schriften zusammengefaßt. Diese sind eine systematische Zusammenstellung der Lehren des Buddha durch spätere Kommentatoren. Man könnte sie die »Lehrerhandbücher« des Buddhismus nennen. Vgl. Geshe Rabten, *Treasury of Dharma.* Tharpa Publications, London 1988, S. 53. Lama Yeshe, *Denken und Sein,* Kurstranskript. Aryatara Institut, München 1987, S. 80 ff.

(S. 26) Ayya Khema, *Unsere Umwelt als Spiegel, Der Weg zum Frieden.* Jhana Verlag, Uttenbühl 1991. Die gebürtige Berlinerin (1923-1997) hat durch ihre bodenständigen Unterweisungen und klar strukturierten Übungsanleitungen viel zur Verbreitung des Buddhismus im deutschsprachigen Raum beigetragen. Sie ist einem breiteren Publikum durch öffentliche Vorträge, Bücher und Filmbeiträge bekannt. Vgl. die Leseempfehlungen im Anhang.

(S. 31) Vgl. auch die Abschnitte »Buddha-Natur«, »Leben ist ein Geheimnis« und »Die Klarheit des Geistes«, S. 40 ff.

(S. 33) Francis Picabia, Postkarte, Sprüche von Künstlern, Serie 44/6. Gebrüder König, Breite Str. 93, 50667 Köln.

(S. 34) Vgl. auch den Abschnitt »Reichtum und Mangel«, S. 17 f.

(S. 38) Skt. *budh* heißt wörtlich erwachen.

(S. 39) Bei einer tibetischen Meditation wird zuerst an acht Freiheiten gedacht, an acht ungünstige Bedingungen, von denen wir frei sind: »Ein Dasein in Höllenbereichen, als hungriger Geist und als Tier, als unzivilisierter Mensch und als langlebiger Gott, mit falschen Ansichten, in Zeiten ohne Buddhas sowie mit schwerer geistiger Behinderung – das sind die acht hinderlichen Umstände.« Sodann empfiehlt die Tradition, über zehn Reichtümer oder günstige Lebensbedingungen nachzudenken. Fünf hängen von uns selbst ab: »Menschsein, in einem zentralen Land geboren sein, aller Sinne mächtig sein, nicht durch extrem negative Handlungen belastet sein und Vertrauen in die angemessenen Mittel haben.« Die anderen fünf günstigen Bedingungen hängen von anderen ab: »Ein vollkommen Erwachter ist in dieser Welt erschienen. Er hat die edle Lehre gelehrt. Seine Lehren sind erhalten. Die erhaltenen Lehren werden praktiziert. Es gibt Wesen, die sich liebevoll um andere kümmern.« Auch wenn wir in unserem Leben nicht alle acht Freiheiten und zehn Reichtümer finden, können wir uns doch über alle günstigen Bedingungen freuen. Die beiden Zitate und weitere traditionelle Erläuterungen zum kostbaren Menschenleben finden Sie in dem tibetischen Klassiker aus dem 12. Jh.: Gampopa, *Der kostbare Schmuck der Befreiung.* Theseus, Berlin 1996, S. 31 ff. Vgl. auch Allan B. Wallace, *Von Tibet nach New York, Alte buddhistische Weisheit für unser heutiges Leben.* Diamant, München 1995, S. 73. Weitere Anregungen zur Wertschätzung des eigenen Lebens finden Sie in den Übungen: »Die fünf Sinne«, S 38 und »Was klappt im Leben?«, S. 53.

(S. 43) Vgl. Rigdzin Shikpo, *Meditation und Achtsamkeit.* S. 114 ff.

(S. 44) *The Bhagavad Gita.* (übers. von Juan Mascaró). Penguin Books, London 1962. Kap. 4, Vers 40. Eigene Übersetzung ins Deutsche.

(S. 53) Die Übung »Neid als Weg zum Mehr« wurde angeregt durch Erklärungen italienischer Feministinnen zum Phänomen Neid unter Frauen. Vgl. Libreria delle donne di Milano, *Wie weibliche Freiheit entsteht.* Orlanda, Berlin 1988, S. 132.

(S. 54) Anstoß zu dieser Übung gab ein Vortrag des tibetischen Lehrers Chögyam Trungpa (1940 – 1987) über die »Sieben Schätze« oder die »Sieben Reichtümer des universellen Monarchen«. Chögyam Trunpa lebte seit 1967 im Westen, studierte Religionswissenschaften in England und gründete die erste buddhistische Universität in den USA. Er ist für seine unkonventionelle Neuinterpretation vieler traditioneller Unterweisungen bekannt. Die klassischen Sieben Schätze – in den tantrischen Traditionen Teil jeder Gabendarbringung an die Buddhas und spirituellen Meister – interpretiert er als zentrale Elemente eines erfüllten Lebens: Die *Königin* steht für ein ebenbürtiges

Gegenüber auf der emotionalen Ebene und der *Ratgeber* für eine vertrauenswürdige und lebenserfahrene Person, auf deren Rat wir hören. Dem *General* entspricht eine loyale Freundin oder ein Freund, der in guten und in schlechten Zeiten zu uns steht. Das *Pferd* symbolisiert Lebensenergie und Freude am Tun und der *Elefant* ein stabiles Selbstwertgefühl. Das *Juwel* steht für Reichtum, der im Buddhismus darauf beruht, daß man teilen kann, was man hat. Man muß also nicht viel besitzen, um sich reich fühlen zu können. Das *Rad* ist ein Steuerrad und symbolisiert die Fähigkeit, das Leben in die eigenen Hände zu nehmen. Vgl. Chögyam Trungpa, *Das Buch vom meditativen Leben.* Barth, München 1989, S. 167 ff.

(S. 59) Vgl. Sogyal Rinpoche, *Das Tibetische Buch vom Leben und Sterben.* S. 226 ff, zu Tonglen insbesondere S. 242-250.

(S. 63) Vgl. auch den Abschnitt »Rechte Sammlung«, S. 176 ff.

(S. 66) Vgl. auch das Kapitel »Achtsamkeit« S. 118 ff. Der Klassiker zum Thema Achtsamkeit ist: Nyanaponika, *Geistestraining durch Achtsamkeit.* Christiani, Konstanz 1976. Sehr inspirierende und einfühlsame Anleitungen zur Achtsamkeit gibt auch: Thich Nhat Hanh, *Das Sutra des bewußten Atmens.* Theseus, Berlin 1989. Ders., *Umarme Deine Wut.* Theseus, Berlin 1992.

(S. 67) Diese praxisbezogene Darstellung des Themas ist inspiriert von Dr. Alexander Berzin. Vgl. Alex Berzin, *Die Fünf Emotionen.* Kurstranskript. München, Aryatara Institut 1993. S. a. Alexander Berzin, *Developing Balanced Sensitivity.* Snow Lion, New York 1998, S. 99 ff. Seine Darstellung der fünf Emotionen und der fünf Arten von Buddha-Natur folgt der Gelug-Tradition des tibetischen Buddhismus. In der Nyingma- und Kagyu-Tradition werden die Symbole für Urteilen und Abwehr umgekehrt gesehen; Abwehr wird also mit weißem Licht, dem Element Wasser und dem Spiegelgewahrsein in Beziehung gesetzt und Urteilen entsprechend mit blauem Licht usw. Vgl. Chögyam Trungpa, *Feuer trinken, Erde atmen. Die Magie des Tantra.* Rowohlt, Reinbek 1989, S. 98 ff.

(S. 78) Vgl. auch das Kapitel »Achtsamkeit« S. 118 ff.

(S. 81) Das Kapitel »Ethisch handeln« basiert auf zwei Vortragsreihen, die die Autorin mit Marie Mannschatz u.a. zum Thema »Ethik und Achtsamkeit« im Herbst 1996 und Frühjahr 1998 in Berlin durchführte. Vgl. auch Thich Nhat Hanh, *Fünf Pfeiler der Weisheit.* Barth, München 1995 und Aitken Roshi, *Ethik des Zen.* Diederichs, München 1989. Diederichs Gelbe Reihe 79.

(S. 85) Vgl auch Thich Nhat Hanh, *Vierzehn Tore der Achtsamkeit.* Theseus, Berlin 1998.

(S. 88) Informationen über Naikan-Kurse erhalten Sie z.B. über: Naikan-Seminarhaus, Bremer Landstr. 34, 27412 Tarmstedt; Naikan-Haus Wien, Mühlhäufelgasse 32, A 1220 Wien.

(S. 91) So äußerte sich der Dalai Lama auf der I. International Conference of Western Buddhist Teachers, Dharamsala, Indien, März 1993, an der die Autorin teilnahm. Manchmal bezieht er sich nur auf die traditionellen Lehren. So im Herbst 1998, als er einen einwöchigen Kurs über »Buddhas Weg zum Glück« im norddeutschen Schneverdingen gab. Dort beantwortete er Fragen nach unheilsamer bzw. heilsamer Sexualität sinngemäß so: Sexuelle Beziehungen dienen in erster Linie der Fortpflanzung. Daher gelten im engeren Sinn alle sexuellen Begegnungen, die Fortpflanzung unmittelbar ausschließen, als unheilsam. Dazu gehören Oral- und Analverkehr sowie homosexuelle Beziehungen. Es gibt aber keine Vorbehalte gegen empfängnisverhütende Mittel, die im tibetischen Kulturkreis häufig eingenommen werden. Als großer Praktiker räumte der Dalai Lama allerdings ein, daß nur wenige Buddhisten alle Regeln korrekt einhielten. Konkret: Auch wer nicht alle Regeln einhalten könne oder wolle, könne Buddhist bleiben. Auf die Diskriminierung von Homosexuellen angesprochen, meinte er, andere Menschen wegen ihres sexuellen Verhaltens oder ihrer sexuellen Orientierung zu diskriminieren, sei grundsätzlich falsch und selbst unheilsames Verhalten.

(S. 92) Die traditionellen Aussagen zu heilsamem und unheilsamem Verhalten müssen im Kontext der jeweiligen sozialen Bedingungen und kulturellen Werte einer bestimmten Gesellschaft gesehen werden. In Asien haben und hatten im allgemeinen nur Mönche und Nonnen genügend Zeit für Meditation und Studium; sie werden durch Spenden von den Laien unterstützt. Im reichen Westen gibt es dagegen eine Vielzahl von Lebensformen, die Zeit und Raum für Meditation und Studium bieten, auch für Eltern. Außerdem gibt es im Westen bislang nur wenige Klöster, die Nonnen und Mönche unterstützen. Darum spielen Ordinierte im westlichen Buddhismus nur eine marginale Rolle, sogar unter den westlichen Lehrerinnen und Lehrern des Buddhismus. Viele Lamas, die den Westen kennen und Englisch sprechen, raten ihren westlichen Schülerinnen und Schülern, sich diesen Schritt sehr sorgfältig zu überlegen.

Noch ein Wort zu den geschlechtsspezifischen Unterschieden: Vor allem Männer haben sich im Verlauf der Geschichte und in allen Religionen für ein enthaltsames Leben eingesetzt, gegen die »Abhängigkeit vom Fleische« gewettert und ein »reines Leben im Geiste« propagiert. Wenn dagegen Frauen sich zu einem zölibatären Leben verpflichtet haben, wollten sie sich meist nur von familiären Verpflichtungen befreien und der Bevormundung durch einen Gatten entgehen, ohne sexuelle Beziehungen grundsätzlich abzulehnen. Der Kulturphilosoph Ken Wilber gibt folgende Erklärung für die unterschiedliche Haltung zu Sexualität bei Frauen und Männern: Das männliche Sexualhormon Testosteron weckt ihm zufolge »zwei und nur zwei Impulse: Fuck or kill!« (Vögeln oder töten!) (Vgl. Ken Wilber, *Eine kurze Geschichte des Kosmos.* Fischer Spirit, Frankfurt 1997, S. 22.) Sind diese Antriebe stark und womöglich miteinander vermischt, dann stören sie den Frieden des Herzens und Geistes ganz erheblich. Darum wurde religiös Übenden verständlicherweise davon abgeraten, die Hormonproduktion durch sexuelle Tätigkeit zu fördern. Bei Frauen sehe das aber anders aus. Wilber verweist auf das Hormon Ocytocin, »das Frauen zu überschwemmen scheint, wenn bloß ihre Haut gestreichelt wird. Ocytocin wurde schon als ›Beziehungsdroge‹ bezeichnet: es erzeugt einen unglaublich starken Drang nach Verbundenheit, Beziehung, Fürsorge, Halten, Berühren.« (ebd., S. 23. Wilber spricht vom Hormon Ocytocin oder Oxytocin. Fachfrauen sprechen die hier beschriebenen Funktionen eher dem Milchdrüsenhormon Prolaktin zu.) Laut Wilber haben diese biologischen Gegebenheiten zu der spezifischen Rollenverteilung im Patriarchat geführt. Nun erlauben es die heutigen ökonomischen und kulturellen Bedingungen aber, den engen Zusammenhang zwischen Geschlecht und Rolle aufzulösen. Darum sei es eine zentrale Aufgabe der heutigen Gesellschaften, Frauen zur Selbständigkeit zu erziehen und Männer zu Rücksicht und Einfühlung. Frauen und Männer können also viel voneinander lernen, vor allem in guten Beziehungen.

(S. 92) Vgl. Anm. zu S. 15.

(S. 105) Vgl. Sylvia Boorstein, *Buddha oder die Lust am Alltäglichen.* Goldmann, München 1998, S. 62-63.

(S. 119) In traditionellen Unterweisungen über die Vier Grundlagen der Achtsamkeit wird der dritte Bereich oft »Gedanken« oder »Bewußtseinszustände« und der vierte Bereich »Geistobjekte« genannt. Vgl. Nyanatiloka, *Buddhistisches Wörterbuch.* Buddhistische Handbibliothek 3. Christiani, Konstanz 1983, S. 204. Für eine erste praktische Beschäftigung mit Achtsamkeitsübungen hat sich die Unterscheidung zwischen »Grundstimmung« und »Gedanken« als fruchtbarer erwiesen. Dieser Einteilung folgt auch Ayya Khema.

(S. 123) Der Buddhismus lehnt Astrologie als Vorhersagesystem ab. Faßt man sie primär als rigides System auf, das Menschen auf bestimmte Stärken und Schwächen festlegt, läuft man Gefahr, keine Verantwortung für die eigene Entwicklung zu übernehmen. Der Buddhismus betont den Freiraum, der durch Bewußtwerdung und Wachheit entsteht. Wenn astrologische Beobachtungen diesen Prozeß unterstützen, sind sie sinnvoll. Vgl. beispielsweise: Petra Niehaus, *Das Handbuch der astrologischen Biografiearbeit.* Ebertin, Freiburg 1998.

(S. 124) Vgl. auch die Kapitel »Schmerzhafte Emotionen umwandeln«, S. 65 ff., und »Fünf Hindernisse«, S. 152 ff.

(S. 127) Der Theravada-Buddhismus (wörtlich: der Weg der Älteren) bezieht sich auf die älteren Pali-Schriften und betont den Weg der Entsagung zur Freiheit vom Leiden. Er wird auch südliche Tradition genannt, da er vor allem in Südostasien, in Sri Lanka, Thailand und Burma zu Hause ist.

(S. 127) So lautet der Titel der Festschrift zu Ayya Khemas 70. Geburtstag. Jhana, Uttenbühl 1994.

(S. 127) Vgl. das Kapitel »Schmerzhafte Emotionen umwandeln«, S. 65. Vgl. Sogyal Rinpoche, *Das Tibetische Buch vom Leben und Sterben.* Barth, München 1995. S. 78 ff.

Im Mahayana-Buddhismus gilt Mitgefühl als das zentrale Motiv, den buddhistischen Weg zu gehen. Das Mahayana (wörtlich: großes Fahrzeug) wird auch nördlicher Buddhismus genannt, da er eher in den nördlichen Ländern Asiens wie Tibet, die Mongolei, Vietnam, China, Korea und Japan verbreitet ist. Im Westen ist das Mahayana in zwei großen Ausprägungen bekannt, dem tantrischen Buddhismus Tibets und dem überwiegend japanischen Zen. In neuerer Zeit auch durch das Zen aus Vietnam (Thich Nhat Hanh) und Korea.

(S. 128) Vgl. Thich Nhat Hanh, *Die Sonne, mein Herz.* Theseus, Berlin 1998.

(S. 128) Mündliche Unterweisung von Akong Rinpoche, Seebeck 1993.

(S. 128) Mündliche Unterweisung von Lama Yeshe, Jägerndorf, September 1981.

(S. 134) Vgl. zum Beispiel die Abschnitte »Das kostbare Menschenleben«, S. 38 f., »Sternstunden«, S. 45 f. und »Freude und Mitfreude«, S. 51 ff.

(S. 136) Siehe die Anmerkung zum Mahayana-Buddhismus, S. 127.

(S. 136) Der Wunsch nach Erleuchtung zum Wohle aller Wesen heißt im Sanskrit *bodhicitta*, der Geist (*citta*), der Erwachen (*bodhi*) anstrebt. Der Mensch, der mit dieser Einstellung lebt, ist eine oder ein *bodhisattva*, ein auf Erwachen (*bodhi*) ausgerichtetes Wesen (*sattva*). Der Sanskrit-Begriff Buddha wird im Tibetischen mit *sang gyä* wiedergegeben. Ein Buddha ist ein Wesen, das alle Probleme überwunden (*sang*) und alle Fähigkeiten entfaltet (*gyä*) hat.

(S. 136) Diese sechs Fähigkeiten werden im Sanskrit *paramita* genannt, Haltungen die ans andere Ufer (*paramita*), das Ufer des Erwachens führen.

(S. 139) Die wunderschön erzählte Geschichte findet sich in: Thich Nhat Hanh, *Das Wunder der Achtsamkeit.* Theseus 1988, S. 62.

(S. 142) Vgl. Allan B. Wallace, *Von Tibet nach New York. Alte buddhistische Weisheit für unser heutiges Leben.* Diamant, München 1995, S. 52. Dalai Lama, *Gesang der inneren Erfahrung. Die Stufen auf dem Pfad zur Erleuchtung.* Dharma Edition, Hamburg 1993, Kapitel über Zuflucht, S. 134 ff. Dalai Lama, *Der Stufenweg zu Klarheit, Güte und Weisheit.* Diamant, München 1998, Stichwort Zufluchtnahme, S. 117 ff.

(S. 143) Vgl. auch das Kapitel »Vier heilsame Haltungen«, S. 47 ff.

(S. 150) Ramesh Balsekar, zitiert nach: Shirish S. Murthy, *Vom Bewußtsein getroffen, Worte von Ramesh S. Balsekar.* Lüchow, Freiburg 1998.

(S. 150) Meister Eckhart, *Deutsche Predigten und Traktate.* Diogenes, München 1979, S. 302 und S. 307.

(S. 152) Siehe die Anmerkung zum Theravada-Buddhismus, S. 127.

(S. 152) Die Südliche Tradition des Buddhismus spricht von fünf Hindernissen oder Hemmnissen: Verlangen nach Sinnesfreuden, Abneigung und Übelwollen, Trägheit und Lässigkeit; Zweifel und Unruhe. Vgl. Ayya Khema, *Vier*

Ebenen des Glücks. Jhana, Uttenbühl 1997, S. 147 ff. Im tibetischen Buddhismus werden sechs Hauptverblendungen beschrieben: Anhaftung, Ärger, Stolz, Unwissenheit, Zweifel und falsche Ansichten. Vgl. Alan B. Wallace, *Von Tibet nach New York.* Diamant, München 1995, S. 54 ff. Der tantrische Buddhismus arbeitet mit fünf zentralen Emotionen: Unwissenheit, Stolz, Anhaftung, Neid und Ärger.

(S. 153) Vgl. auch das Kapitel »Schmerzhafte Emotionen umwandeln, S. 65 ff.

(S. 153) Pali *samadhi*, wörtl. Fest-zusammen-gefügtsein, Sammlung, Konzentration, ist das Gerichtetsein des Geistes auf ein einziges Objekt. Vgl. Nyanatiloka, *Buddhistisches Wörterbuch.* Buddhistische Handbibliothek 3. Christiani, Konstanz 1983, S. 191.

Konzentrative Übungen oder meditative Sammlung gilt im Buddhismus vor allem deshalb als so wichtig, weil Sammlung negative Haltungen anhält. Es heißt, in der ersten Sammlungsstufe verschwinden die fünf Hindernisse, und wir merken, daß wir nicht eins mit ihnen sind. Die diesem Kapitel zugrundeliegenden Anweisungen stammen unter anderem aus den Lehren über die Entfaltung von Konzentration. In der ersten Sammlungsstufe «Entzücken» (Pali *piti*, auch Interesse) werden fünf Qualitäten entfaltet. Sie sind »automatische« Heilmittel oder Gegenmittel für die fünf Hindernisse: Hinwendung zum Meditationsobjekt (Pali *vitakka*) löst Trägheit auf. Fortgesetzte Hinwendung zum Meditationsobjekt (Pali *vicara*) löst Zweifel auf. Die durch körperliches Wohlbefinden entstehenden angenehmen Gefühle (Pali *piti*) lösen Ärger und Übelwollen auf. Das Gefühl der Offenheit und Freude (Pali *sukkha*) löst Ängste, Unruhe und Sorgen auf, und einsgerichtete Konzentration (Pali *ekkagata*) setzt, zumindest für die Dauer der konzentrierten Übung, das Verlangen nach Sinneseindrücken außer Kraft. Vgl. Ayya Khema, *Vier Ebenen des Glücks.* Jhana, Uttenbühl 1997, S. 147 ff. Wendet man diese Beschreibungen auf den Alltag an, hält man praktische Hinweise zur Auflösung aller fünf Blockaden in der Hand.

(S. 153) Vgl. auch die Kapitel «Liebe und Anhaftung», S. 14 ff. und «Die Welt als Spiegel», S. 26 ff.

(S. 156) Vgl. auch den Abschnitt »Müdigkeit und Trägheit überwinden«, S. 136 ff.

(S. 160) Vgl. Barbara Knab, *Schlafstörungen.* Kohlhammer, Stuttgart 1989.

(S. 164) Diese Art Feigenbaum heißt seit dieser Zeit Bodhi-Baum, Baum des Erwachens (lat. *ficus religiosa*).

(S. 164) Sarnath liegt in der Nähe der ältesten und heiligsten Stadt Indiens, früher Kashi, heute Varanasi (Benares), der Stadt, in der alle frommen Inder sterben wollen. Eine gute Einführung in die Grundlehren des Buddhismus mit Anregungen zur Praxis im Westen bietet: Detlef Kantowsky, *Buddhismus.* Aurum, Braunschweig 1993, und Thich Nhat Hanh, *Wie Siddhartha zum Buddha wurde.* Theseus, Berlin 1998.

(S. 169) Nisargadatta Maharaj, *Ich bin.* Context, Bielefeld 1989, S. 30. Vgl. auch die Bücher seiner Schüler: Ramesh S. Balsekar, *Erleuchtende Gespräche.* Lüchow, Freiburg 1994. Shirish S. Murthy, *Vom Bewußtsein getroffen, Worte von Ramesh S. Balsekar.* Lüchow, Freiburg 1998.

(S. 170) Der tibetische Meister Kalu Rinpoche beschreibt sehr anschaulich, wie ein Leben in Leiden durch vier Schleier entsteht. Weil wir unsere Buddha-Natur nicht kennen (Schleier vor der Buddha-Natur), spalten wir die Welt gedanklich auf in Subjekt und Objekt (Schleier der Dualität). Wir entwickeln Vorstellungen über uns und die Welt und verteidigen diese mit aufgewühlten Emotionen (Schleier der Emotionen) und stabilisieren das ganze mit eingefahrenen Gewohnheiten (Schleier des Karma). Vgl. Kalu Rinpoche, *Der Dharma, der wie Sonne und Mond alle Wesen erleuchtet.* Kagyu Dharma, Wachendorf 1990, S. 142 ff.

(S. 174) Vgl. auch die Abschnitte »Rechtes Bemühen«, S. 132 f., »Konzentration und Energie durch Freude«, S. 134 f. und »Freude am Heilsamen« S. 135 f.

(S. 175) Vgl. Nyanatiloka, *Buddhistisches Wörterbuch.* Buddhistische Handbibliothek 3. Christiani, Konstanz 1983, S. 203.

(S. 175) Vgl. auch das Kapitel »Achtsamkeit«, S. 118 ff.

(S. 176) Vgl. auch das Kapitel »Konzentration und Energie«, S. 130 ff.

(S. 178) Vgl. auch den Abschnitt »Gleichmut«, S. 62 ff.

(S. 187) Diese beiden Übungen sind inspiriert durch den Tara Rokpa Prozeß, ein mehrjähriges Übungsprogramm, das auf den buddhistischen Lehren von Weisheit und Mitgefühl aufbaut, aber auch westliche Methoden wie Biografiearbeit, freies Malen und Zeichnen und Entspannungsübungen einbezieht. Tara Rokpa ist nicht religiös gebunden und offen für alle. Der Prozeß ist besonders geeignet für Menschen in psychosozialen und helfenden Berufen sowie für alle, die ihr Interesse an Therapie und Meditation miteinander verbinden wollen. In den ersten zwei Jahren des Trainings arbeitet man jeweils einen Monat mit einem der fünf Elemente: Erde, Wasser, Feuer, Luft und Raum. Vgl. Akong Rinpoche, *Den Tiger zähmen.* Theseus, Berlin 1993.
Informationen erhalten Sie über Tara Rokpa Deutschland, Markgrafenstr. 5, 10969 Berlin. Email: ugsch@aol.com und uku@tararokpa.de. Homepage: http://www.tararokpa.de

Leseempfehlungen

Akong Rinpoche, *Den Tiger zähmen.* Theseus, Berlin 1993.
Fred von Allmen, *Mit Buddhas Augen sehen.* Theseus, Berlin 1997.
Ders., *Die Freiheit entdecken.* Theseus, Berlin 1990.
Sylvia Boorstein, *Buddha oder die Lust am Alltäglichen.* Scherz, Barth, München 1996. Goldmann Esoterik 13223, München 1998.
(Ein Hinweis: Die mehrfache Großmutter Sylvia Boorstein ist 1938 geboren und nicht, wie in beiden Büchern falsch angegeben, 1958.)
Pema Chödrön, *Beginne, wo du bist.* Aurum, Freiburg 1995.
Dies., *Wenn alles zusammenbricht.* Hoffmann und Campe, Hamburg 1998.
Detlev Kantowsky, *Buddhismus.* Aurum, Freiburg 1993.
Jack Kornfield, *Frag den Buddha und geh den Weg des Herzens.* Kösel, München 1995.
Ayya Khema, *Vier Ebenen des Glücks.* Jhana, Uttenbühl 1997.
Dalai Lama, *Gesang der Inneren Erfahrung.* Dharma Edition, Hamburg 1993.
Ders., *Der Stufenweg zu Klarheit, Güte und Weisheit.* Diamant, München 1998.
Kathleen McDonald, *Wege zur Meditation.* Diamant, München 1996.
Toni Packer, *Der Moment der Erfahrung ist unendlich.* Theseus, Berlin 1996.
Rigdzin Shikpo, *Meditation und Achtsamkeit, Schlüssel zu innerem Vertrauen.* Theseus, Berlin 1999.
Sogyal Rinpoche, *Das Tibetische Buch vom Leben und Sterben.* Barth, München 1995.
Thich Nhat Hanh, *Das Wunder der Achtsamkeit.* Theseus, Berlin 1988.
Ders., *Fünf Pfeiler der Weisheit.* Barth. München 1995.
Ders., *Wie Siddhartha zum Buddha wurde.* Theseus, Berlin 1998.
Ders., *Vierzehn Tore der Achtsamkeit.* Theseus, Berlin 1998.
Chögyam Trungpa, *Der Mythos der Freiheit.* Theseus, Berlin 1989.
Ders., *Das Buch vom meditativen Leben.* Barth, München 1989.
Ders., *Spirituellen Materialismus durchschneiden.* Theseus, Berlin 1989.
Ders., *Eine Insel des Jetzt im Strom der Zeit.* Krüger, Frankfurt 1995.
Alfred Weil (Hrsg.), *Karma.* Theseus, Berlin 1997.
Alfred Weil (Hrsg.), *Stiller Geist – klarer Geist, Buddhistische Meditation.* Theseus, Berlin 1998.
Sylvia Wetzel, *Das Herz des Lotos, Frauen und Buddhismus.* Fischer Spirit, Frankfurt 1999.
Thubten Yeshe, *Die Grüne Tara, Weibliche Weisheit. Grundlagen des buddhistischen Tantra.* Hrsg. Sylvia Wetzel. Diamant, München 1998.
Ders., *Wege zur Glückseligkeit, Einführung in Tantra.* Diamant, München 1988.
Volker Zotz, *Geschichte der buddhistischen Philosophie.* Rowohlts Enzyklopädie 537, Reinbek 1996.

Adressen

Informationen über Einrichtungen, die einführende Vorträge und Kurse über Buddhismus anbieten, erhalten Sie über den Dachverband der deutschen Buddhisten (DBU) und die von der DBU herausgegebene Vierteljahreszeitschrift Lotusblättter.

Deutsche Buddhistische Union (DBU) e.V.
und Redaktion »Lotusblätter«
Amalienstr. 71, D-80799 München
Tel. (089) 280 104, Fax 281 053

Informationen über Gemeinschaften im deutschsprachigen Ausland erhalten Sie über:

Schweizer Buddhistische Union (SBU)
Wiedingstr. 18, CH-8055 Zürcih
Tel. (0041) (1) 461 15 24

Österreichische Buddhistische Religionsgesellschaft (ÖRB)
Fleischmarkt 16, A-1010 Wien
Tel. & Fax (0043) (1) 512 37 19

Kurse mit Sylvia Wetzel

Die Autorin hält Vorträge und leitet Übungstage und -wochen in buddhistischen Stadt- und Landzentren sowie bei freien Trägern in Nord- und Süddeutschland, Zürich, Wien und in Spanien.
Informationen erhalten Sie bei: Johanna Bohlsen, Büro der Buddhistischen Perspektiven, Hünensteig 12 A, 12169 Berlin.
Tel.: (0 30) 79 41 09 59. Fax: (0 30) 79 78 20 52.
E-Mail: j.bohlsen@t-online.de.
Im Internet können Sie die aktuellen Terminpläne abrufen unter www.sylvia-wetzel.de.

Biografische Notizen

Sylvia Wetzel wurde 1949 im Schwarzwald geboren und wuchs hinter dem Tresen einer badischen Gastwirtschaft auf. Sie machte 1968 Abitur, studierte in Heidelberg und Berlin Politikwissenschaften und Russisch und engagierte sich in der Studenten- und Frauenbewegung. Nach Abschluß ihres Studiums unterrichtete sie Deutsch als Fremdsprache und Politische Bildung. Auf einer Studienreise nach Indien und Nepal begegnete sie 1977 den tibetischen Lamas Thubten Yeshe und Zopa Rinpoche. Unter ihrer Anleitung widmete sie sich in Asien zwei Jahre lang der Praxis und Theorie des Buddhismus. Danach leitete sie acht Jahre lang ein buddhistisches Seminarhaus in Bayern, gründete einen Verlag und übersetzte Vorträge und Bücher der buddhistischen Tradition aus dem Englischen ins Deutsche. Zwei Jahre übte sie als buddhistische Nonne. Fünfzehn Jahre lang war sie Vorstandsmitglied des buddhistischen Dachverbandes Deutsche Buddhistische Union (DBU) und zwölf Jahre Redaktionsmitglied der Verbandszeitschrift Lotusblätter. Seit Mitte der achtziger Jahre hält sie Vorträge und leitet Meditationsseminare im deutschsprachigen Raum und in Spanien. Mit ihren kulturkritischen und feministischen Ansätzen ist sie eine Pionierin des europäischen Buddhismus der heutigen Zeit.

Karin Burschik befaßt sich seit ihrer Jugend mit Spiritualität. Sie studierte Physik und Germanistik, war unter anderem Empfangsdame und Journalistin, Bankkauffrau, Karatetrainerin und Sprecherin des Düsseldorfer Schriftstellerverbandes. Bisher veröffentlichte sie sieben Romane und über hundert Kurzgeschichten und Artikel.